Frankfurt am Main – eine Stadt mit vielen Gesichtern: Finanz- und Bankenhochburg, Sitz der Börse, internationales Messezentrum. Hier wurden die deutschen Könige gewählt, Kaiser gekrönt und die ersten deutschen Parlamentarier gesehen. Goethe wurde in Frankfurt geboren, hier entstand der *Struwwelpeter*. Theodor W. Adorno, Marie Luise Kaschnitz lebten in Frankfurt, Hölderlin traf seine Diotima, und Heine wanderte mit Börne durch das jüdische Ghetto. Die Satiriker Robert Gernhardt, F. W. Bernstein und F. K. Waechter begründeten die Neue Frankfurter Schule. Das Museumsufer ist über die Grenzen der Stadt hinaus bekannt.

In Frankfurt stehen die Gegensätze freundlich nebeneinander – wie die alten, liebevoll restaurierten Bürgerhäuser neben den neuen Banktürmen. Auf sieben Spaziergängen führt dieser Reisebegleiter auf den Spuren der Dichter und Denker durch die Stadt und gibt dabei auch Einblicke in bislang weniger bekannte Seiten der Mainmetropole.

insel taschenbuch 3204
Frankfurt

Bürgerliche Krönungsstadt: der Römer
mit dem Gerechtigkeitsbrunnen

Frankfurt

Ein Reisebegleiter

Von Karlheinz Braun und Siegfried Diehl
Mit farbigen Fotografien
von Uwe Dettmar

Insel Verlag

Abdruck des Kartenmaterials mit freundlicher Genehmigung des Planungsverbands Ballungsraum Frankfurt / Rhein-Main

insel taschenbuch 3204
Erste Auflage der erweiterten und aktualisierten Neufassung der Ausgabe von 1998

Textnachweise und Hinweise zu dieser Ausgabe am Schluß des Bandes
Vertrieb durch den Suhrkamp Taschenbuch Verlag
Umschlag: Michael Hagemann
Satz: Hümmer GmbH, Waldbüttelbrunn
Druck: Druckhaus Nomos, Sinzheim
Printed in Germany
ISBN 978-3-458-34904-4
ISBN 3-458-34904-9

1 2 3 4 5 6 – 11 10 09 08 07 06

Inhalt

Geist und Geld: Beethoven-Denkmal und Deutsche Bank

Mit auf den Weg

In dieser sich unablässig neu erfindenden Stadt ist der Wandel das einzig Beständige. Die »kleinste Metropole der Welt« häutet sich von Jahrzehnt zu Jahrzehnt, die Menschen kommen und gehen, und alle fünfzehn Jahre gibt es – statistisch gesehen – eine neue Bevölkerung. Davon ist jeder Vierte ausländischer Herkunft. So wundert es nicht, daß die 1998 von Siegfried Diehl unternommenen acht Spaziergänge durch das literarische Frankfurt nicht mehr der heutigen Wirklichkeit entsprechen: dieses Hochhaus ist abgerissen, an anderer Stelle entstehen neue; Goethe wandert von den Wallanlagen zurück auf seinen ursprünglichen Platz im Zentrum; die nach ihm benannte Universität zieht auf einen neuen Campus und das Literaturhaus in die rekonstruierte Alte Stadtbibliothek. Es hat sich viel verändert in nur wenigen Jahren, und der neue Reisebegleiter will dem Rechnung tragen, auch mit neuen Fotografien. Der 2001 gestorbene Siegfried Diehl kann die von ihm geplanten Spazierwege nicht mehr gehen; an seiner Stelle führe nun ich den Spaziergänger durch die Stadt. Mit ihr und dem neuen Cicerone hat sich auch dieses Buch verändert, nicht nur im stark erweiterten Umfang. Es wurde versucht, das, was überliefert ist und von Diehl vor allem als Orte der Literatur beschrieben wurde, zu erhalten, aber auch fortzuschreiben in die Gegenwart: es gibt nicht nur Adorno und die Frankfurter Schule, sondern auch Robert Gernhardt und die Neue Frankfurter Schule; nicht nur die Romantiker, sondern auch die Krimi-Literaten; nicht nur Börne, sondern auch Reich-Ranicki. Vor allem aber wurde der vorwiegend »literarische« Reisebegleiter erweitert durch die anderen Künste, Theater, Musik, Bildende Kunst – und nicht zuletzt durch Hinweise auf die historische wie neue Architektur der Stadt. So versucht der Reisebegleiter den wißbegierigen Spaziergänger möglichst umfassend über das kulturelle Frankfurt zu informieren, wohl wissend, daß er in diesem Laboratorium für gesellschaftliche wie künstlerische Entwicklungen keine Beschreibung eines dauerhaften Zustandes geben kann. Seit dem Mittelalter hat diese Bürgerrepublik immer wieder von Migranten profitiert, die hier heimisch geworden sind; Offenheit und Liberalität gegenüber Fremden sind ihr selbstverständlich. Heute leben und arbeiten 188 Nationalitäten in der Stadt. Daß sich die Globalisierung noch immer mit Grüner Soße und Ebbelwei verträgt, daß sich hier seit je Kunst und Kommerz verbinden und die »banking community« das althergebrachte bürgerliche Stiftungswesen fortsetzt, daß ihrem Netzwerk sich das Fachwerk einer zum Teil wieder zu rekonstruierenden Altstadt zur Seite stellen soll, und daß sich so immer wieder wie schon bei den Rothschilds und Goethe auch in der Euro-City Geld und Geist verbinden, letzterer oft in widerständiger Form – das mag der kunstsinnige Spaziergänger durch dieses Buch erfahren. Wie Siegfried Diehl sein Frankfurt vor fast zehn Jahren sah, sei im Folgenden mit seinem Vorwort festgehalten, das er damals dem Spaziergänger »mit auf den Weg« gegeben hat.

Karlheinz Braun

Frankfurt ist eine bescheidene Stadt. Sie hat es – bei Gott und Goethe – nicht nötig, ihr Licht unter den Scheffel zu stellen. Gut 650 000 Einwohner leben relativ gemütlich auf 248 Quadratkilometern am Fuß eines sanften Mittelgebirges, bei statistisch schönen 1438 Sonnenstunden im Jahr. Und doch regiert hier der Superlativ. Denn Frankfurt hat: das höchste Getreidesilo und das höchste Bürohaus, den größten Holzturm und eines der ältesten Fachwerkhäuser der Bundesrepublik. Hier wurden die deutschen Könige gewählt, Kaiser gekrönt und die ersten deutschen Parlamentarier gesehen; hier kam der kleine Struwwelpeter auf die Welt, und der große Schiller schlief im Stadtwald. In Frankfurt fallen die Gegensätze nicht trostlos zusammen, sondern stehen freundlich beieinander – wie die alten, liebevoll restaurierten Bürgerhäuser neben den neuen Banktürmen.

Wenn die Stadt nicht zu stolz wäre, dann läge sie jeden Tag auf den Knien und dankte dem netten Umstand, der ihr in den vergangenen zwölf Jahrhunderten die wirtschaftliche Blüte garantierte: ihrer verkehrsgünstigen Lage. Seit der Franke Karl der Große, auf der Flucht vor den Sachsen von einer sagenhaften Hirschkuh durch eine Furt auf die andere Seite des Mains geleitet, hier eine Synode zusammenrief, ist in Frankfurt die Welt zu Hause. Denn mit den päpstlichen Gesandten kamen die Fürsten und mit den Fürsten die Händler; an der Furt entstanden Brücken, die Schiffshaltestelle wurde unüberschaubar. Die Frankfurter bauten einen gigantischen Bahnhof, dann einen gigantischen Flughafen; die Autobahnen konzentrierten sie in

Kreuzen rund um die Stadt. Wer nur auf der Landkarte einmal Oslo mit Genua und Paris mit Moskau verbindet, weiß, warum hier das Herz schlägt für Europa.

Kein Wunder, daß auch die Dichter sich hier wohl fühlten. Kaum einer, der einmal unterwegs war, versäumte es, der berühmten Reichsstadt am Main seine Aufwartung zu machen. »Franckfortt, du edle Statt gezyrt« beginnt ein ellenlanges Spruchgedicht des Johann Steinwert von Soest aus dem Jahre 1501, den die Frankfurter dafür dann im Dom beerdigten. Aber auch Ulrich von Hutten oder Hans Sachs, Enea Silvio Piccolomini, später Papst Pius II., oder der Syrakus-Spaziergänger Johann Gottfried Seume hätten ein Ehrengrab am Main verdient gehabt – denn sie alle machten sich, wie Hunderte ihrer Kollegen vor und nach ihnen, verdient um den Ruhm der Stadt. Werner Bergengruen faßte ihn in seiner *Deutschen Reise* (1959) noch einmal zusammen: »Vier Frankfurter Örtlichkeiten tragen, vier Pfeilern gleich, den deutschen Himmel, der sich über dieser Stadt wölbt: der Römer, der Dom, die Paulskirche und das Haus am Großen Hirschgraben. Mit diesen vieren ist Frankfurt eine hohe Schule aller deutschen Vergangenheit und damit eine Bürgin der Zukunft.«

Genug des Lobs. Wir müssen das Ideal in der Wirklichkeit suchen, und da hat mancher seine Schwierigkeiten, es zu finden. Frankfurt ist, wie der Frankfurter Kabarettist Matthias Beltz ergründete, von unterschiedlichen Feinden dreimal zerstört worden: von den Preußen durch die Annexion im Jahr 1866, von den Alliierten durch die Luftangriffe im Zweiten Weltkrieg und von der SPD in den sechziger und siebziger Jahren. Lassen wir die, nicht ganz so ernst gemeinten, Demolierungen eins und drei einmal beiseite, so bleiben doch als traurige Wahrheit in der Mitte die dreiunddreißig Luftangriffe zwischen 1940 und 1945 – mit der völligen Vernichtung des Altstadtkerns am 22. März 1944. Zwei Jahre danach war Max Frisch in der Stadt. Er notierte im Tagebuch: »Wenn man in Frankfurt steht, zumal in der alten Innenstadt, und wenn man an München zurückdenkt: München kann man sich vorstellen, Frankfurt nicht mehr. Eine Tafel zeigt, wo das Goethehaus stand. Daß man nicht mehr auf dem alten Straßenboden geht, entscheidet den Eindruck: die Ruinen stehen nicht, sondern versinken in ihrem eigenen Schutt, und oft erinnert es mich an die heimatlichen Berge, schmale Ziegenwege führen über die Hügel von Geröll, und was noch steht, sind die bizarren Türme eines verwitterten Grates; einmal eine Abortröhre, die in den blauen Himmel ragt, drei Anschlüsse zeigen, wo die Stockwerke waren. So stapft man umher, die Hände in den Hosentaschen, weiß eigentlich nicht, wohin man schauen soll.«

Die Trümmer, die Max Frisch beschreibt, sind abgeräumt, eine neue Wirtschaftsmetropole wuchs aus den Ruinen. Wer sich heute auf einen historischen Stadtbummel macht, der muß schon ein bißchen Phantasie mitbringen, wenn er hinter den glitzernden Fassaden, die rundum in den Himmel streben, das alte Frankfurt noch erkennen will. Und das gilt im besonderen für den, der die Stadt in ihren literarischen Orten sucht, also den Spuren folgt, die Dichter in Frankfurt und Frankfurt in der Dichtung hinterlassen haben. Denn Hilfe waltet nur spärlich. Zwar gibt es, über das ganze Stadtgebiet verstreut, rund 250 Gedenktafeln zu allen möglichen geschichtlichen Ereignissen und Personen, aber der Weg zu ihnen wird geheimgehalten, man muß ihn sich Stück für Stück erobern. Ein eigener Reiz freilich für den Büchermenschen. Er ist ja gewohnt, sich die Welt im Kopf zusammenzusetzen; und nicht viele Städte bieten ihm so viel Material dazu wie Frankfurt.

In acht Spaziergängen also wollen wir die alte Literaturstadt erschließen. Die Touren, jeweils zwei bis drei Stunden lang, beginnen und enden an markanten Punkten im Zentrum, die auch mit den städtischen Verkehrsmitteln gut zu erreichen sind. Die größeren Sehenswürdigkeiten am Wege werden nicht vergessen, wohl aber die kleineren Dichter. Und auch auf fast alle Durchreisenden können wir getrost verzichten. Wer in der Stadt nur übernachtet und dann ein paar freundliche Worte gefunden hat, der mag uns gelegentlich begleiten, aber wir werden seinetwegen nicht andächtige Station machen. Es muß einer schon in einem engeren persönlichen Verhältnis zu Frankfurt gestanden oder ihm ein besonderes Plätzchen in der Literatur angewiesen haben, wenn wir seiner mit einem ausführlichen Zitat gedenken. Bedeutende Kollegen aus anderen Künsten und Wissenschaften – Maler, Musiker wie Philosophen – nehmen wir dagegen gern in unsere historische Führung auf, wenn gute Reden sie begleiten. Denn in der Kunst, sagt unser Goethe, ist das Beste gut genug.

Siegfried Diehl, 1998

Erster Spaziergang
Vom Hauptbahnhof übers Goethehaus zur Hauptwache

Am Hauptbahnhof – Wiesenhüttenstraße – Am Hauptbahnhof – Kaiserstraße – Kaiserplatz – Bethmannstraße – Berliner Straße – Großer Hirschgraben – Am Salzhaus – Roßmarkt – Goetheplatz – Steinweg – Hauptwache

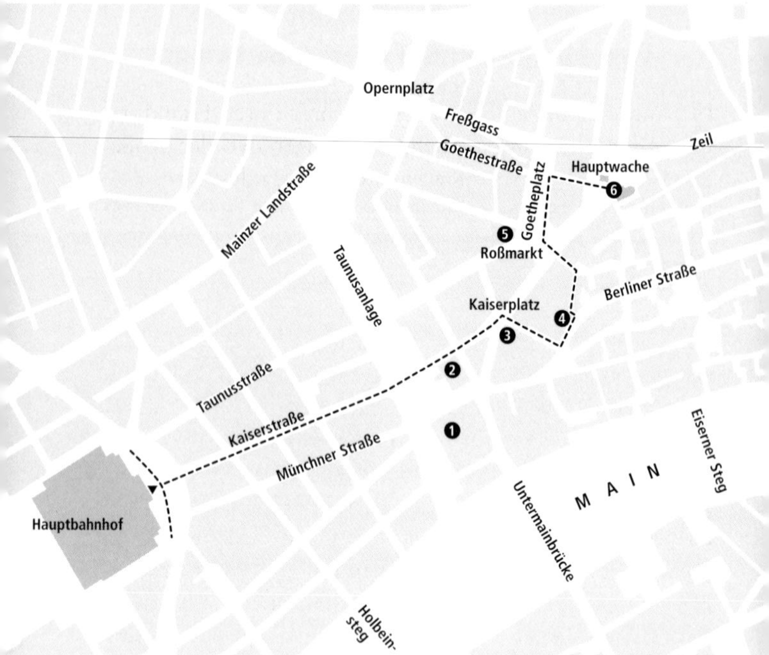

[1] Städtische Bühnen [2] Europäische Zentralbank [3] Hotel Frankfurter Hof [4] Goethehaus [5] Gutenberg-Denkmal [6] Katharinenkirche

Ein kulturhistorisch-literarischer Führer durch Frankfurt müßte natürlich im Goethehaus anfangen, wo der große Sohn der Stadt, der größte Dichter des Landes, einer der Großen der Welt, geboren wurde. Dann müßte man den Spuren des jungen Goethe folgen durch die Altstadt des 18. Jahrhunderts, mit ihm die erste Liebe erleben, die fürstlichen Feste bestaunen – und an den frühen Dramen arbeiten. Dann könnte man, während der Frankfurter »Hätschelhans« auswärts zum Klassiker wird, zwar ein bißchen umherschauen, wer vor, neben und nach Goethe sich etwa noch eingeschrieben hat in die Literaturgeschichte der Stadt; aber bald müßte man zurückkehren mit dem Geheimen Rat aus Weimar, der sich gern in der Kutsche durch die Vaterstadt fahren ließ, mit der jungen Frau eines alten Bankiers am *West-östlichen Divan* reimte und im großen Freundeskreis seinen 66. Geburtstag zelebrierte. So hätten wir am Ende einen Goetheführer, aber keinen Begleiter, der die Künste der Vergangenheit sichtbar macht, mit denen der Gegenwart verbindet und somit den Besucher auf den Spuren ihrer Geschichte durch die moderne Stadt führt. Goethe kann hier nur einer unter vielen sein; wo er am Wege steht, wollen wir ihn freilich jedesmal gebührend begrüßen. Es wird sich nicht vermeiden lassen, daß wir ihm öfter begegnen, selbst wenn wir noch so weit ausholen auf unseren Spaziergängen.

Die erste Tour beginnt am Hauptbahnhof. Er galt denen, die ihn am 18. August 1888, damals noch einen halben Kilometer vor der Stadt, eröffneten, als das »achte Weltwunder« mit seinen (damals) achtzehn Gleisen, drei Bahnsteighallen und einem Empfangsgebäude, das in seiner monumentalen Pracht selbst gründerzeitlich überhebliche Raummaße zu sprengen drohte. Alfons Paquet, der Frankfurter Chronist und feuilletonistische Weltenbummler, feierte das stolze Bauwerk noch zwanzig Jahre später im angemessenen Sprachstil:

»Die hohe weite Eisenhalle braust, ein Stöhnen, Stoßen,
Knirschen, Klirren und Donnern hallt da innen
Von Eisenzügen, die den Port gewinnen.
Gewölbte Dämmrung. Mit gewaltig großen
Trüben Glaswänden fängt-umfängt sie Rauch und Licht,
Lärm, Ruh und Eile; fahler bricht
Des Himmels Blau durch ihres Giebels Bogen,
Laternen glühn tiefrot, rubinengleich,
Wie Sterne klar als Zeichen hochgezogen.«

Vor dem Port der Eisenzüge die Frankfurter Visitenkarte. Früher standen hier die Hotelpaläste im Halbrund, der Russische Hof, das Bristol, das Carlton, auch das riesige Schumann-Theater, ein jugendstiliges Revue- & Varieté-Theater aus den zwanziger Jahren, das den Bombenhagel des Zweiten Weltkriegs im Äußeren überlebte, später aber wie so vieles in dieser Stadt abgerissen und durch ein ödes Bürohaus ersetzt wurde. Aber wenn wir die Straßenbahngleise des Platzes überqueren, finden wir, »Am Hauptbahnhof« links von der Kaiserstraße, an der Gründerzeitfassade mit der Nr. 10 immerhin noch die steingemeißelte Inschrift »Bürohaus Englischer-Hof« – und ganz rechts am Haus Nr. 4 eine Gedenktafel für Oskar Schindler, der in der Zeit des Nationalsozialismus mehr als 1200 Juden vor dem Konzentrationslager rettete. Er lebte nach dem Krieg verarmt und weitgehend unbeachtet fast zehn Jahre lang in diesem Haus; erst nach seinem Tod entdeckte ihn wenigstens Hollywood mit Steven Spielbergs Film *Schindler's Liste.* Gehen wir noch ein paar Schritte weiter in die Wiesenhüttenstraße, stehen wir vor dem neuen Savoy Hotel, an dessen Stelle noch bis Ende der sechziger Jahre das alte stand, auf dessen Dach Anna Seghers eine spektakuläre Verfolgungsszene ihres Romans aus Hitlerdeutschland, *Das siebte Kreuz*, ansiedelte.

Ein gutes Jahrzehnt davor hatte das Hotel eine sehr viel erfreulichere literarische Rolle gespielt. Im September 1928 schreibt der amerikanische Schriftsteller Thomas Wolfe aus dem »Savoy« an die »liebe Aline« (Bernstein): »Jetzt werde ich Dir etwas ganz Großes berichten – Du wirst es nicht glauben, aber zufällig ist es wahr. Heute machte ich mit einem großen Autobus die Rundfahrt durch die Stadt; als ich um halb vier auf dem Bahnhofsplatz einstieg, war der Bus schon voll von großen, handfesten Deutschen – nur zwei Plätze waren noch frei, und neben dem einen saß ein Herr, der rasch zu mir aufblickte, als ich durch den Gang kam. Er lächelte nervös und sagte ganz schnell auf englisch: ›Setzen Sie sich hierher.‹ Ich setzte mich neben ihn; er zog die Knie an und rückte zur Seite, als ob er sich vor mir fürchtete. Der Herr war James Joyce. Vielleicht hat er mich wiedererkannt von damals, als wir im September vor zwei Jahren den Ausflug von Brüssel nach Waterloo gemacht haben.«

Der literarische Gipfel im Frankfurter Touristenbus blieb ohne Folgen: Thomas Wolfe war zu schüchtern, er sprach Joyce nicht an, obwohl sie noch bis zum Goethehaus gemeinsam fuhren. Was wäre aus dieser Begegnung geworden, wenn die Herren zu Fuß gewesen wären!

Das Entree der Stadt: Hauptbahnhof mit
»Atlas, die Erdkugel tragend«

Zu Fuß ist dagegen immer der seit den siebziger Jahren in Frankfurt lebende Dichter Peter Kurzeck, ein wahrer Stadt-Nomade, der hier jeden Winkel, jede Straße kennt, gerade hier im Bahnhofsviertel und im Westend, und der – wie Joyce in Dublin – in Frankfurt »sein Zeitalter aufschreibt«. Wer ihm in seinen autobiographischen Romanen folgt, vor allem der Frankfurt-Trilogie *Übers Eis – Als Gast – Ein Kirschkern im März*, wird mit ihm das Frankfurt der frühen achtziger Jahre kennenlernen wie es kein noch so kundiger Stadtführer vermitteln könnte. Kurzecks Plan geht nämlich so: »Ich möchte meine Bücher so schreiben, ... daß ich nicht über Menschen schreibe, sondern daß die Menschen kommen und fangen selbst zu reden an in meinen Büchern. Und letzten Endes auch die Straßen und die Häuser und die Plätze – wie jetzt hier der Römer – und die Steine, daß sogar die Steine anfangen zu reden in meinen Büchern. Und das, denke ich, geht in Frankfurt ganz gut. Das geht natürlich auch deshalb ganz gut, weil ich eine lange, persönliche Geschichte hier habe.«

Peter Kurzeck läuft durch die Stadt und schreibt an seinem endlosen Erinnerungswerk für künftige Leser. Wir folgen ihm in die Kaiserstraße, können uns aber nur noch mit Hilfe alter Postkarten vorstellen, welch ein Prachtboulevard dies in der ersten Hälfte des letzten Jahrhunderts einmal war, mit seinen Lichtspielhäusern, Kabaretts und Cafés, auch damals schon mitsamt den Seitenstraßen das Vergnügungsviertel der Stadt, heute ein Sanierungsfall. Damals gab es zum Beispiel im Eckhaus Kaiserstraße 69 mit heute bröckelnder Gründerzeitfassade die Tanzbar Astoria, wo Roda Roda gastierte, der ehemals kaiserlich-königliche Offizier auf der Kleinkunstbühne, wo Fred Endrikat seine launigen Brettl-Verse vortrug und der ewig betrunkene Joachim Ringelnatz Stammgast-Rezitator war. Gegenüber locken heute die üblichen Eros-Center mit ihren Bars und Video-Shows zum schnellen Genuß. Doch über »Dr. Müller's« arbeitet sinnigerweise der vielseitige Eichborn Verlag, und auf der anderen Seite, im Haus Kaiserstraße 79, der literarische Verlag von Klaus Schöffling. So schwebt Ringelnatz wie ein Panoptikums-Gespenst der Literatur noch immer über der Straßenkreuzung, zum Beispiel mit einem im Januar 1924 geschriebenen Gedicht:

Frankfurt am Main

Hier hab' ich den Teufel gesehn.
Er ging durch die schnurrigen Gassen
Und hat etwas fahren lassen
Abends vor zehn.

Fand wieder Freunde lieb und wert.
Und haben manche mich entdeckt.
Ich weiß: der Apfelwein schmeckt
Gut, aber er zehrt.

Wie du mich wohl wiedersiehst?!
Ich habe vor steifen Leuten
Einen Pferdeapfel gespießt.
Ob die sich innerlich freuten?

Mag es hier billig, teuer,
Interessant oder langweilig sein.
Mir ist dies Frankfurt am Main
So angenehm nicht recht geheuer.

Und mir gefällt's.
So nehme ich jede Fremde,
Als schliche ich nachts im Hemde
Durch Korridore eines Hotels.

Der Spaziergänger läßt sich weder durch Ringelnatz noch durch eine der hier abzweigenden Seitensprungsträßchen vom rechten Weg abbringen. Sie haben sich ohnehin im Laufe der Jahre stark verändert. So ist vor allem die der Kaiserstraße parallel verlaufende Münchner Straße fest in der Hand von vor allem türkischer Migranten, mit Moschee im Hinterhof, türkischen Friseuren, Juwelieren und Bäckern, und es wundert nicht, daß der türkische Schriftsteller und Nobelpreisträger Orhan Pamuk gerade dieses Viertel zu einem Schauplatz eines Türkei-Romans gemacht hat, in dem es unentwegt schneit: *Schnee.* Und zwar deshalb, so Pamuk, weil Frankfurt in Deutschland *der* Ort ist, wo man auf der Suche nach Freiheit meist ankomme. »In Frankfurt werden wir sehr glücklich sein, weißt du?«, hatte Pamuks Romanheld, der Lyriker Ka, in der anatolischen Kleinstadt Kars seiner Geliebten Ipek versprochen, aber dazu ist es nicht gekommen. Nach seiner Rückkehr wird der von Kugeln durchlöcherte Körper des Dichters mitten auf der Kreuzung Münchner Straße/Elbestraße gefunden. Sein Tod wäre eigentlich ein Fall für den hartgesottenen deutsch-türkischen Privatdetektiv Kemal Kayankaya, mit dem der in Frankfurt geborene und aufgewachsene

Autor Jakob Arjouni ein neues Genre des deutschen Großstadtkrimis begründet hat. Schon sein erster Roman *Happy Birthday, Türke!* wurde zu einem Bestseller und, von Doris Dörrie verfilmt, auch zu einem Kinohit. Frankfurt war und ist immer gut für einen Krimi. Wir werden auf unseren Touren noch den einen oder anderen Tatort aufsuchen. Die literarische »crimetime in the city« hat wie die reale über Jahre das Image des Bahnhofsviertels bestimmt: Kriminalität, Prostitution und Drogenhandel haben das einstmals großbürgerliche Karree in Verruf gebracht, von dem es sich langsam wieder erholt.

Wir wandern indessen weiter die Kaiserstraße entlang, von den Häusern mit den Billigläden direkt auf die gläsernen Banktürme zu, die heute neu versprechen, was den französischen Erzähler Joris-Karl Huysmans an dieser Stelle schon am Anfang des vergangenen Jahrhunderts beunruhigte: »Der Luxus von Frankfurt am Main macht mich rasend, weil er unaufhörlich ist.« Die alte Frankfurter Kaufmannstendenz zu Wohlstand und Reichtum führte – nach der fast vollständigen Zerstörung der Stadt 1943/44 – über das Wirtschaftswunder zu der inzwischen in Europa einzigartigen Skyline der Hochhäuser: links gleist silbern das mit seinen 167 Metern geradezu bescheidene Gebäude der Dresdner Bank, zu seinen Füßen ein Brunnen von Heinz Mack, dahinter ein neuer gläserner »Skyper«, in der Mitte die fast hundert Meter höhere Commerzbank und das an japanische Steinlaternen erinnernde nur 114 Meter hohe Japan-Center, rechts der Euro-Tower der Europäischen Zentralbank, die Anfang des zweiten Jahrzehnts in ein in sich verdrehtes Doppelhochhaus neben Martin Elsässers denkmalgeschützter »Gemüsekirche«, der ehemaligen Großmarkthalle im Ostend, umziehen wird. Dort verspricht der

Die Wirtschaftsmetropole: Wer hat den höchsten Turm?

spektakuläre Bau von Coop Himmelb(l)au ein neues Wahrzeichen der Stadt zu werden. Am linken Ende dieses Teils der Kaiserstraße schimmert grünlich der neue Turm der Dresdner Bank, der besonders in seinem Untergrund von sich reden macht: dort versenkte die Bank ein luxuriöses Theater mit Rang und Bar und stellte es generös dem English Theatre zur Verfügung, das so mit seinen 300 Plätzen zum größten englischsprachigen Theater des Kontinents wurde. Es gibt dort Shakespeare sowohl wie Westend-Comedies und sogar Musicals. Großzügiges Mäzenatentum, gerade bei den Geldherren, hat in Frankfurt seit den Rothschilds Tradition; wir werden ihr bei der Alten Oper wiederbegegnen.

Überqueren wir die Gallusanlage, sehen wir linker Hand die zum Inbild deutscher Finanzwirtschaft gewordenen Doppeltürme der Deutschen Bank und rechts den 15 Meter hohen Neon-Euro von Otmar Hörl, mit dem in der Silvesternacht 2001/02 die neue Währung eingeführt wurde. Die Stadt möchte den Werbe-Euro gerne entfernen, aber da er inzwischen eines der meistfotografierten Motive der »City of the Euro« ist, traut man sich nicht. Den Platz begrenzt die Doppelanlage der Städtischen Bühnen, Oper und Schauspiel, die wir auf unserem vierten Spaziergang zum Ausgangspunkt nehmen werden. Jetzt aber führt uns die Kaiserstraße zur Kreuzung mit der Neuen Mainzer Straße, von der aus wir das runde Hochhaus der Helaba gut sehen können, das bisher einzige Hochhaus, das öffentlich zugänglich ist: von seiner obersten Terrasse hat der Besucher einen grandiosen Blick vom Taunus bis zum Odenwald. Wer abends im darunter liegenden Restaurant speist, bekommt im Lichtermeer der Hochhäuser eine Ahnung vom nächtlichen New York. Und unter der weißroten Antenne verkündet der Hessische Rundfunk in seinem Fernsehstudio sowohl die neuesten Börsendaten wie auch die Gewinnzahlen des Lotto. Hier dreht sich also alles ums Geld, was schon Martin Luther wettern ließ gegen dieses »Gold- und Silberloch, dadurch aus deutschen Landen fleußt, was nur quillt, wächst, gemünzet oder geschlagen wird.« Es hat sich nicht viel geändert seitdem, außer daß inzwischen global »gemünzet und geschlagen« wird.

Wir gehen die Kaiserstraße weiter und kommen am Kaiserplatz zu einem weiteren Superlativ, mit denen sich diese Stadt so gerne schmückt: das größte transportable Ölgemälde in der Geschichte der Kunst. Wir gehen links die Treppe hinauf zum Eingang der Commerzbank, durchqueren die Plaza und erreichen die Lobby der Commerzbank-Zentrale, an deren 25 Meter hoher Wand dann Thomas Endes monumentales Wolken-Farbvlies von 16,80 × 12,35 Metern nicht zu übersehen ist. So generös lassen sich in Frankfurt Kunst und Kommerz verkuppeln, (was u. a. auch die Doppeltürme der Deutschen Bank beweisen, die kostbare Sammlungen zeitgenössischer Kunst enthalten). Die Mitte des Commerzbank-Turms hat der Stararchitekt Sir Norman Foster mit einem 160 m hohen Atrium ganz dem Licht vorbehalten und damit auch neun Turmgärten, die sich, jeweils vier Stockwerke hoch, spiralförmig in die Höhe schrauben. Sie sind mit einer Vegetation bepflanzt, die für die jeweilige Himmelsrichtung typisch ist: im Osten asiatisch, im Süden mediterran, im Westen nordamerikanisch. Hier wachsen Mammutbäume im 39. Stockwerk. Bis ihnen die Decke zu niedrig wird, wird es noch einmal so lange dauern wie Frankfurt besteht …

Den Kaiserplatz dominiert jedoch der »Frankfurter Hof«, dessen Sandstein-Arkaden nicht nur von der über hundertdreißigjährigen Geschichte eines ehrwürdigen Grandhotels erzählen, sondern auch (an der Rückseite des Hotels) von einem Grundstück, auf dem ehemals das Haus »Zum Weißen Hirsch« stand, das dem Bankier Gontard gehörte. Hier las der junge Hauslehrer Hölderlin Susette Gontard, der Gattin des Bankiers, gern aus den neuesten Büchern vor, während der Hausherr Jakob Friedrich auswärts zu tun hatte. Nur die Haushälterin störte das literarisch-erotische Glück, wie Carl Jügel, ein Freund der Familie, anschaulich berichtet: »Sie wußte es so einzurichten, daß sie dem Herrn Jakob Friedrich selbst die Türe öffnen mußte, wenn er am Abend heimkehrte, und wenn er dann die stereotype Frage: ›ist meine Frau zu Hause?‹ an sie richtete, so wußte sie ihrer sich häufig wiederholenden Antwort: ›Herr Hölderlin liest vor‹, nach und nach eine Betonung zu geben, die endlich in einem Momente übler Geschäftslaune wie ein zündender Funke wirkte. Mit dem nicht sowohl Eifersucht, als vielmehr beleidigten Stolz verratenden Ausrufe: ›sitzt denn der Mensch beständig bei meiner Frau!‹ stürzte er ins Zimmer und auf Hölderlin zu. Ein jäher Zorn übermannte den jungen, sich schuldlos wissenden Dichter, und es würde zur ärgerlichsten Szene gekommen sein, hätte nicht ein Blick auf die erschrockene Herrin ihm seine ganze Fassung wiedergegeben. Rasch verließ er das Zimmer, packte seinen Koffer und kehrte noch in derselben Nacht einem Hause und damit Verhältnissen den Rücken, die ihn um so höher beglückt hatten, je reiner er sich derselben bewußt sein konnte.«

Weniger rein trieb es dagegen in den fünfziger Jahren das »Mädchen Rosemarie«, das in seinem schwarzen Mercedes-Cabriolet den Frankfurter Hof umrundete, immer auf der Suche nach zahlungskräftigen Kunden. Mittags genoß

Nobel am Kaiserplatz: der Frankfurter Hof

sie ihren Kaffee an Tisch 1 des traditionsreichen und immer noch bestehenden Alten Café Schneider in der Kaiserstraße 12, bekannt auch ob seiner »Bethmännchen«, einer einzigartigen Frankfurter Marzipan-Spezialität. Aber 1957 wurde Rosemarie Nitribitt von der Frankfurter Polizei im Alter von 24 Jahren erschlagen aufgefunden. Sie hatte den Kardinalfehler eines Freudenmädchens begangen: Sie hatte ein Notizbuch mit den Namen ihrer berühmten Kunden aus Politik und Wirtschaft geführt. Ihr Tod war der Skandal der fünfziger Jahre. Der Fall wurde nie aufgeklärt, aber Erich Kuby hat die Nitribitt in einem Roman verewigt, Nadja Tiller spielte sie in Rolf Thieles Film und ihr Name hat sich untrennbar mit dem Frankfurts verbunden.

Jetzt aber gehen wir erst einmal nach rechts in die Bethmannstraße zum Eingang des Hotels, durch den in den letzten fünfzig Jahren wohl die wichtigsten und bedeutendsten Autoren und Verleger aus vielen Ländern gegangen sind, denn der »Frankfurter Hof« ist zu Buchmesse-Zeiten eine Hochburg der Literatur – biegen dann bei erster Gelegenheit links in die Berliner Straße ab, und dann gleich noch einmal links – und stehen im Großen Hirschgraben. Hier wurden früher die Hirsche für die alljährlichen Festessen des Rats herangezogen, heute parken die Touristenbusse vor dem Haus Nr. 23 mit den kunstvoll zur Straße gewölbten Fensterkörben im Erdgeschoß und den winzigen Sprossenfenstern auf dem schiefergedeckten Mansardendach. Hier war es also, wo Johann Wolfgang Goethe am 28. August 1749, »mittags mit dem Glockenschlag zwölf«, zur Welt kam. »Die Konstellation war glücklich«, schrieb er sehr viel später im ersten Buch von *Dichtung und Wahrheit*: »die Sonne stand im Zeichen der Jungfrau und kulminierte für den Tag; Jupiter und Venus blickten sie freundlich an, Merkur nicht widerwärtig; Saturn und Mars verhielten sich gleichgültig; nur der Mond, der soeben voll ward, übte die Kraft seines Gegenscheins um so mehr, als zugleich seine Planetenstunde eingetreten war. Er widersetzte sich daher meiner Geburt, die nicht eher erfolgen konnte, als bis diese Stunde vorübergegangen. Diese guten Aspekte, welche mir die Astrologen in der Folgezeit sehr hoch anzurechnen wußten, mögen wohl Ursache an meiner Erhaltung gewesen sein: denn durch Ungeschicklichkeit der Hebamme kam ich für tot auf die Welt, und nur durch vielfache Bemühungen brachte man es dahin, daß ich das Licht erblickte.«

Sechsundzwanzig Jahre lang blieb Goethe, mit Unterbrechungen, im Elternhaus. Hier hielt er seine Sturm und Drang manifestierende Rede *Zum Schäkespears Tag*, hier schrieb er den *Götz von Berlichingen*, den *Clavigo* und die erste Fassung der *Stella*, den Briefroman von den *Leiden des jungen Werthers*, die ersten *Faust*-Szenen und die deftigen Namen und Verse zu *Hanswursts Hochzeit*. Dann ging der junge Herr nach Weimar, das Haus wurde total umgebaut, 1795 verkauft, 1863 von dem 1859 gegründeten Freien Deutschen Hochstift erworben, das seitdem zum »Reliquienhort« (Thomas Mann) Goethes wird. Am 22. März 1944, am Todestag des Dichters, wurde es bis auf den Grund zerstört. Der detailgenaue Wiederaufbau gelang schon sieben Jahre später, vor allem deshalb, weil die meisten Einrichtungsgegenstände während des Krieges rechtzeitig ausgelagert worden waren. Wer also heute, vorbei am neuen Gartensaal, den weitläufigen Hausflur betritt und gleich nach rechts in die wohlsortierte Küche schaut, der gewinnt einen recht guten Einblick in den Lebensraum des Junggenies. Unten das Reich der stolzen Mutter, die selbst der Besuch Herzog Augusts von Weimar nicht aus der Fassung brachte (»Vor Fürsten fürchte ich mich nicht, ich kann kochen«), oben im dritten Stock das Zimmer des dichtenden Sohnes mit dem Schattenriß von Charlotte Buff, dem Vorbild für die Werther-Lotte, an der Wand neben der Tür. Dazwischen ein nobles Treppenhaus mit mächtigen geschnitzten Renaissance-Schränken auf jedem Vorplatz – »Das ist deine Welt! Das heißt eine Welt!« sagt Faust im großen Auftrittsmonolog von der Tragödie erstem Teil.

Wie es draußen aussah, vor der Tür, wenn der junge Goethe seine bürgerliche Hauswirtschaft verließ und über den Großen Hirschgraben hineinspazierte in seine mittelalterliche Vaterstadt, das beschreibt dagegen der höhnische Mephisto (im vierten Akt von *Faust II*):

»Ich suchte mir so eine Hauptstadt aus,
Im Kerne Bürger-Nahrungs-Graus,
Krummenge Gäßchen, spitze Giebeln,
Beschränkten Markt, Kohl, Rüben, Zwiebeln;
Fleischbänke, wo die Schmeißen hausen,
Die fetten Braten anzuschmausen;
Da findest du zu jeder Zeit
Gewiß Gestank und Tätigkeit.
Dann weite Plätze, breite Straßen,
Vornehmen Schein sich anzumaßen;
Und endlich, wo kein Tor beschränkt,
Vorstädte grenzenlos verlängt.
Da freut' ich mich an Rollekutschen,
Am lärmigen Hin- und Widerrutschen,
Am ewigen Hin- und Widerlaufen
Zerstreuter Ameis-Wimmelhaufen.«

Großer Hirschgraben: das Goethehaus

Noch hundert Jahre später sah die Frankfurter Wirklichkeit aus wie in der Weimarer Dichtung. Als der schottische Schriftsteller Robert Louis Stevenson, der *Die Schatzinsel* schreiben sollte und *Der seltsame Fall von Dr. Jekyll und Mr. Hyde*, als junger Student in einem Parallelsträßchen zum Großen Hirschgraben logierte, erlebte er das Quartier wie Abenteuer- und Horrorgeschichte in einem. Am 4. August 1872 berichtet er dem »lieben Vater« aus der Rosengasse 13, »an dem Briefkopf wirst du erkennen, daß wir endlich ein möbliertes und ungeheuer schäbiges Zimmer gemietet haben. Die Rosengasse ist etwa zwanzig Fuß breit, schätze ich. Obwohl wir im zweiten Stock und oben im Haus sind, hat die Straße eine vierte und sogar fünfte Reihe von Fenstern in den steilen Dächern oder in den schiefergedeckten Giebeln. Stockwerk über Stockwerk wölbt sich über dem darunter liegenden hervor, bis es so aussieht, als würden beide Seiten sich treffen und sich über der Gasse die Hände schütteln.«

Die Rosengasse, damals das Rotlichtviertel in Frankfurt, existiert nicht mehr. Schon 1938 wurde sie abgerissen und überbaut. Die berühmte Adresse des Großen Hirschgrabens können sich jedoch einige nicht zufällig dort ansässige Institutionen auf ihren Briefkopf schreiben: natürlich das benachbarte Goethe-Museum mit seinen reichen Gemälde- und Handschriftenschätzen aus der Goethe- und Romantikzeit, die Büchergilde Gutenberg gegenüber und der Börsenverein des Deutschen Buchhandels, die Standesorganisation der deutschen Buchhändler und Verleger, der heute 6500 Mitglieder angehören und die der Veranstalter der weltweit größten Buchmesse ist. Frankfurt als idealer Ort der Bücher wurde schon 1574 im allerersten Buch über die Buchmesse *Francofordiense emporium, sive Francofor-*

diensis mundiae von Henri Estienne gelobt, die Rolle übernahm jedoch 1825 Leipzig mit der Gründung des Börsenvereins. Wenn es ab 1946 zwei Nachfolgeorganisationen in Ost und West gab, so nahm Frankfurt damit eine mittelalterliche Tradition auf, die die Stadt erneut mit wichtigen Institutionen und Verlagen zum deutschen Zentrum der Bücher machte. Der Frankfurter Buchhändler Heinrich Cobet, »der seinen Kunden die Bücher in die Hand gab, als überreiche er ihnen einen Orden« (Martin Mosebach), hatte daran einen entscheidenden Anteil – nicht nur an der Buchmesse, sondern auch an der Gründung der Deutschen Bibliothek und der Deutschen Buchhändlerschule im Stadtteil Seckbach.

Unmittelbarer Nachbar des Goethehauses ist seit 1975 das Frankfurter Volkstheater, das sich auch nach seiner Gründerin Liesel Christ nennt. Die »Mama Hesselbach« der legendären Fernsehserie setzte auf die mundartlichen Lokalpossen von Carl Malss *(Der Bürgerkapitän)* und Adolf Stoltze *(Alt-Frankfurt)*, auf Elias Niebergalls *Datterich*, den *Hessischen Molière* des Wolfgang Deichsel, – und auf Johann Wolfgang von Goethe. Nicht zufällig reimt sich auf Frankfurterisch »Ach neiche, du Schmerzenreiche«. Inzwischen wird vom Volkstheater die halbe Weltliteratur und manches moderne Volksstück ins Hessische eingemeindet – weil der Dialekt nach Goethe »doch eigentlich das Element ist, in dem die Seele ihren Atem schöpft«.

Wer heute aus dem Goethehaus tritt und sich nach links wendet, der steht schon nach wenigen Schritten mitten in der Neuzeit: vor der Glasvitrine eines Parkhauses, aber auch schon inmitten einer trendigen Kneipenszene, in der der Interessierte unter der Adresse »Am Salzhaus 4« das »Cooky's« findet, eine der ältesten Diskotheken Frankfurts, in der in vielen Jahren unzählige After-Show-Parties der Pop-Größen gefeiert wurden, und ein paar Schritte weiter, an der Kreuzung der Kaiserstraße, die Underground-Diskothek »U 60311« in einer stillgelegten U-Bahn-Unterführung, bekannt für ihre House- und Techno-Klänge. Wir aber bleiben bei der Klassik, entdekken unter den Arkaden des Goethe-Museums ein kleines Café mit dem Namen »Dichtung und Wahrheit«, und wenden uns direkt zum Roßmarkt. Der langgestreckte Platz, auf dem seit dem Mittelalter vor allem zu Messe- und Kriegszeiten der Pferdehandel florierte, wurde im 18. und 19. Jahrhundert zur ersten Adresse Frankfurts. Hier wohnte der Weingroßhändler Gogel, in dessen Haus »Zur Goldenen Kette« der junge Hölderlin seinem Tübinger Stiftsfreund Georg Wilhelm Friedrich Hegel eine angenehme Hauslehrerstelle vermittelte, hierher zog Goethes Mutter nach dem Verkauf des alten Hauses am Großen Hirschgraben, hier wurde im September 1798 das erste Hotel »Zum Englischen Hof« eröffnet, an dessen Table d'hôte Arthur Schopenhauer siebenundzwanzig Jahre lang Stammgast war. Und hier an der Ecke Kaiserstraße 1 stand das Cronstetten-Hynspergische Damenstift. Die berühmteste Bewohnerin dieses ausschließlich für adelige evangelische Fräulein gegründeten Hauses war Karoline von Günderode. Befreundet mit den Brentanos, Clemens und Bettina, dazu unglücklich verliebt in den preußischen Juristen Friedrich Karl von Savigny, fing sie bald selber an zu schreiben: Gedichte, Dramen, Prosastücke –

Gutenberg-Denkmal

und vor allem Briefe. Die schönste (und schrecklichste) Korrespondenz führte sie schließlich mit dem Heidelberger Altphilologen Friedrich Creuzer, der seine Briefleidenschaft allerdings nicht so konsequent ins Leben verlängerte, wie es sich die romantische Stiftsdame erhofft hatte: Am 26. Juli 1806 fuhr sie nach Winkel am Rhein und erstach sich mit einem Dolch, den sie auf der Frankfurter Messe erworben hatte. »Es giebt nur zwei Leben«, schrieb sie einmal, »das gemeine (das schlechter ist als wir) und das höhere; viele Menschen schweben zwischen beiden, der wahre Künstler steht ganz in letzterm, es ist die wahre Seligkeit, und wer es einmal betreten der ist der Welt ohne Rettung verlohren.« Dieses Leben hat noch Christa Wolf in ihrer Erzählung *Kein Ort. Nirgends* beschäftigt, in der sie die Günderode mit Heinrich von Kleist auf den Gütern der Brentanos in Winkel am Rhein zusammentreffen läßt.

Goethe-Denkmal

Vielleicht, wer weiß, kommt ein Teil dieses Unglücks aus dem Buchdruck. Der Erfinder der »Schwarzen Kunst mit gegossenen beweglichen Lettern« spielt in Frankfurt eine besondere Rolle. Die abenteuerliche Geschichte, daß der alte Meister Johannes vor seinen Straßburger und Mainzer Gläubigern zu seiner Frankfurter Nichte geflohen sei und sich hier für den Lebensabend eingerichtet habe, mag erfunden sein. Fest steht aber – und immerhin Enea Silvio Piccolomini bezeugt dies –, daß »jener erstaunliche Mann« immer wieder Kostproben seiner Bibeldruckarbeiten auf der Messe am Main vorführte.

Man ließ ihm also in dieser Stadt zu Recht (von Eduard Schmidt von der Launitz im Jahr 1858) ein stattliches Denkmal auf dem Roßmarkt bauen, mit drei lebensgroßen Erzfiguren obenauf, Gutenberg in der Mitte, links sein hartnäckiger Gläubiger Hans Fust, rechts der Geselle Peter Schöffer. Die vier nachdenklichen Damen zu ihren Füßen symbolisieren Theologie und Poesie, Naturwissenschaft und Industrie. In den spitzbogigen Nischen stehen wappentragende Statuen für die Druckorte Mainz, Frankfurt, Venedig und Straßburg. Die wichtigsten Buchhandlungen der Stadt lagen also nicht zufällig rund um den Roßmarkt, auch Heinrich Cobets berühmte »Bücherstube«, die der Spaziergänger nicht mehr suchen muß, da sie allesamt verschwanden, nachdem ein großes Buchkaufhaus in der Nähe zum zentralen Umschlagplatz für Gutenbergs Ware wurde.

»Frankfurt stickt voller Merkwürdigkeiten« – Goethes vielzitierter Ausspruch gilt auch für den Roßmarkt. Er macht auf den unkundigen Spaziergänger den Eindruck eines langgestreckten Platzes; in Wirklichkeit sind es jedoch drei Plätze, die ohne sichtbare Grenzen ineinander übergehen. Der erste Platz mit dem Gutenberg-Denkmal ist der eigentliche Roßmarkt; der zweite, seit 2006 durch einige Bäume markiert, ist der Goetheplatz; der dritte mit dem Wasserspiel heißt Rathenau-Platz, an dessen Schmalseite ein säulengeschmücktes Geschäftshaus steht, das, 1913 vom Kaufmann Siegmund Strauß an Stelle des abgerissenen Komödienhauses gebaut, nach dessen Konkurs später zum »Adolf-Hitler-Haus« und Sitz der NSDAP-Gauleitung am »Horst-Wessel-Platz« wird, um ab 1949 die Redaktion der »Frankfurter Allgemeinen Zeitung« zu beherbergen. Alle drei Plätze liegen heute über einem riesigen unterirdischem Parkhaus, was bei ihrer Wiederherstellung dazu geführt hat, daß Ludwig von Schwanthalers berühmtes Goethe-Denkmal von 1844, das erste in Deutschland und von Frankfurter Bürgern finanziert, wieder an die Stelle gesetzt wurde, wo es 100 Jahre lang stand (nach dem Krieg hatte es mehrfach den Standort wechseln müssen). Das stattliche Denkmal präsentiert den Dichter aufrecht im wallenden Mantel, den Lorbeer lässig in der Hand, auf reliefgeschmücktem Sockel. Vorn die Allegorien von Naturwissenschaft, Drama und Lyrik, zur Linken Orest und Thoas mit Iphigenie sowie Faust und Mephisto, auf der Rückseite der Götz von Berlichingen, Egmont und Tasso, die Braut von Korinth, den Sargdeckel hebend, sowie Prometheus und der Erlkönig mit dem Knaben im Arm; zur Rechten komplettieren Mignon mit Wilhelm Meister und dem Harfner sowie Hermann und Dorothea den bildlichen Goethe-Schnellkurs.

Vom Goetheplatz aus könnte man direkt in die Goethestraße gehen, wo die eleganteste Geschäfts-Promenade der Stadt in den Luxus lockt. Der Spaziergänger aber läßt sich vom bloßen Namen diesmal nicht zu einem Umweg verleiten, er versagt sich Prada, Chanel und Hermès, Burberry und Tiffany und biegt genau gegenüber nach rechts ab in den Steinweg. Das Haus Nr. 12 auf der linken Seite, heute eine Großbuchhandlung mit blauer Fassade, trägt eine Gedenktafel neben dem Eingang, die den historischen Ort beschreibt: Bis zur Zerstörung 1944 stand hier das Hotel Schwan, in dem Otto von Bismarck und Jules Favre am 10. Mai 1871 nach dem Deutsch-Französischen Krieg den »Frankfurter Frieden« unterzeichneten. Natürlich hat der vornehme Gasthof, als Haus »Zum Weißen Schwan« schon im 14. Jahrhundert bekannt, auch eine lange literarische Geschichte. Schiller war hier und Georg Büchner traf sich hier am 3. August im unruhigen Jahr 1834 mit seinem Freund Eugène Boeckel – ein Alibi für seine Reise nach Offenbach, wo er tags zuvor den Drucker des *»Hessischen Landboten«* darüber informierte, daß sein Mitverschworener Karl Minnigerode mit 150 Exemplaren des *Landboten* in Gießen verhaftet worden und mit einer Hausdurchsuchung auch bei ihm, Preller, zu rechnen sei. Der »Schwan« hat viele Dichter und Denker gesehen, konservative wie Ludwig Uhland und revoltierende wie Georg Büchner.

Wilhelm Hauff läßt im zweiten Teil seiner *Mittheilungen aus den Memoiren des Satans* sogar den Teufel hier leibhaftig Quartier nehmen und über die hiesigen Verhältnisse schwadronieren: »Kommt man um die Zeit des Pfingstfestes nach Frankfurt, so sollte man meinen, es gebe keine heiligere Stadt in der Christenheit; denn sie feiern daßelbst nicht wie z. B. in Baiern 1½, oder, wie im Calender vorgeschrieben, 2 Festtage, sondern sie rechnen vier Feiertage; die Juden haben deren sogar fünf, denn sie fangen in Bornheim ihre heiligen Übungen schon am Samstag an, und der Bundestag hat sogar acht bis zehen. ... Muß ein so aufgeweckter Sinn den Teufel nicht erfreuen, der an solchen Tagen mehr Seelen für sich gewinnt, als das ganze Judenquartier in einer guten Börsestunde Gulden? Auch dießmal wieder kam ich zu Pfingsten nach Frankfurt. Leuten, die von einem berühmten Belletristen verwöhnt, alles bis aufs kleinste Detail wissen wollen, diene zur Nachricht, daß ich im weißen Schwanen auf Nr. 45 recht gut wohnte, an der großen Table d' Hôte in angenehmer Gesellschaft trefflich speiste, den Küchenzettel mögen sie sich übrigens von dem Oberkellner ausbitten.«

Wir verlassen die Tafel und sehen auf der gegenüberliegenden Seite des ehemaligen »Schwanen« den barocken Eingang eines weiteren Hotels, das »zum Weydenbaum«, das ebenfalls nicht mehr existiert. Hier wurde 1979 die »endgültige Satirezeitschrift« *Titanic* gegründet, die immer noch existiert und deren Initiatoren wir auf unserem dritten Spaziergang im Westend wieder begegnen werden. Erst aber gehen wir den Steinweg noch ein paar Schritte weiter bis zum Ende – und stehen an der Hauptwache. Am zweiten Haus gleich rechts an der Ecke, Hauptwache 2, erzählt eine Inschrift neben dem Eingang zur Sparkasse, daß hier im Haus »Zum Goldenen Brunnen« Katharina Elisabeth Goethe, die Mutter des Dichters, von 1795 bis zu ihrem Tod im Jahr 1808 wohnte. Die Frau Rat war eine begnadete Briefschreiberin, selbstverständlich ließ sie sich auch die ausführliche Kommentierung ihres neuen Quartiers nicht entgehen. Am 16. Mai 1775 schrieb sie also in gewohnt entwaffnender Orthographie ihrem »lieben Sohn« unter vielem anderen nach Weimar: »Nun hatte ich ein Ideal im Kopfe – worann ich selber zweifelte obs zu finden seyn dürfte – denn Erstlich sollte es nicht weit von meiner jetzigen Wohnung entfernt seyn, weil alle meine besten Freunde um den Fleck herum wohnen – Fingerlings – Metzler – Stocks – Hetzler – Moritz u. s. w. Zweytens sollte es eine schöne Aussicht haben – drittens 3 Zimmer an einer Reihe – und virtens alles was zur Haußhaltung gehört – großer Vorplatz – Küche – Speißekammer auf einer Etage. Gleich den Tag nach unterschriebener Punctation komt ein Mackler – und bietet mir ein logi mit allen oben benanten und verlangten Eigenschafften an – Auf dem Roßmarckt im Goldenen Brunnen – ja sage ich das mag wohl recht hübsch seyn aber es ist zwey Treppen hoch – Das sehen haben sie umsonst sagte der Mann – und wohl mir daß ich diesen klugen Rath annahm – einen Tag später und mein Ideal war an andre vermiettet – zum Haarausreißen wäre es gewiß gekommen!«

Frau Rat hatte recht. Sie war nun im Zentrum und hatte einen wunderbaren Ausblick. Gegenüber die Katharinenkirche, in der ihr großer Sohn getauft und konfirmiert worden war, zur Linken das reich geschmückte Buntsandsteingebäude der Hauptwache, vor dem die Stadtsoldaten exerzierten und die Zivilisten auf die Promenade gingen. Erst Anfang des 20. Jahrhunderts wurde aus dem freundlichen Wachlokal und praktischen Studentengefängnis ein Café. Denn das barocke Häuschen mit seinen reizenden Dachstubenfenstern war ja nicht immer nur ein Ort des Amüsements. Am 14. Januar 1772 zum Beispiel gab es auf dem Platz vor der Hauptwache, der auch als Schafott-, Galgen- und Prangerstätte diente, das schlimme Schauspiel der Enthauptung von Susanna Margarethe Brandt. Johann Wolfgang Goethe, damals zweiundzwanzig Jahre alt und gerade dabei, als frischgebackener »Licentiatus Juris« im Frankfurter Elternhaus eine Anwaltspraxis zu eröffnen, erwähnt die schaurige Begebenheit später im Lebensrückblick nur indirekt als einen unter mehreren »gräßlichen Auftritten«. Aber der Spaziergänger, der sich nun am Ende der ersten Tour einen Kaffee in der Wache genehmigen kann, weiß natürlich, daß das Schicksal der unglücklichen Kindsmörderin bedeutende Spuren hinterlassen hat – nämlich als »Gretchentragödie« im *Faust*.

Zweiter Spaziergang
Von der Hauptwache über die Zeil durch die Altstadt zum Liebfrauenberg

An der Hauptwache – Zeil – Konstablerwache – Zeil – Klingerstraße – Alter Jüdischer Friedhof – Neuer Börneplatz – Rechneigraben – Dominikanergasse – Fahrgasse – Braubachstraße – Domstraße – Domplatz – Markt – Römerberg – Historisches Museum – Römerberg – Braubachstraße – Paulskirche – Bethmannstraße – Buchgasse/Kornmarkt – Berliner Straße – Sandgasse – Friedrich-Stoltze-Platz – Bleidenstraße – Liebfrauenkirche – Liebfrauenberg – Kleinmarkthalle – Hasengasse – Töngesgasse – Zeil

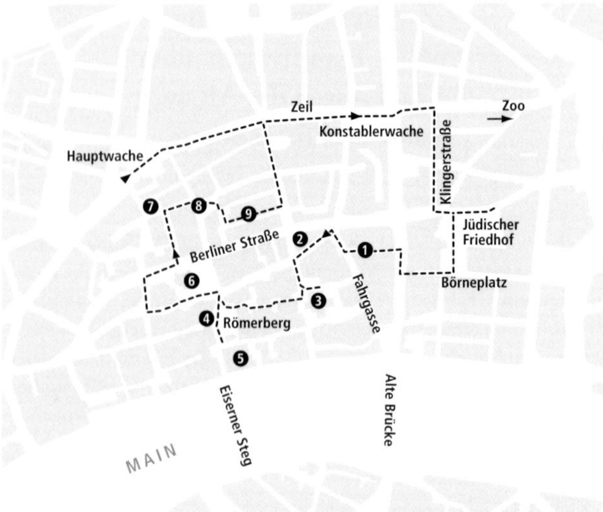

[1] Dominikanerkloster [2] Museum für Moderne Kunst [3] Dom [4] Römer [5] Historisches Museum [6] Paulskirche [7] Stoltze-Denkmal [8] Liebfrauenkirche [9] Kleinmarkthalle

Wähnt unser noch seinen Kaffee genießender Spaziergänger, er säße im Café Hauptwache an genau jenem historischen Ort, an dem 1802 auch der legendäre Schinderhannes eingekerkert war oder sich hundert Jahre später die Journalisten der ebenso legendären »Frankfurter Zeitung« trafen, dann hat er sich leider getäuscht und nicht mit dem permanenten Veränderungswahn der Stadtoberen gerechnet: die Hauptwache von 1730 steht zwar noch auf dem Platz, wurde aber 1968 wegen der Treppenanlage zur Unterwelt des Verkehrs einige Meter südwestlich versetzt. Aber auch so blickt der Spaziergänger noch auf die erste protestantische Kirche der Stadt, die Katharinenkirche, in der Goethe getauft und konfirmiert wurde – allerdings ist sie durch die Autostraße vom Platz seltsam abgeschnitten. St. Katharinen brannte 1944 völlig aus, damit fehlen der wiederaufgebauten Kirche die zweigeschossigen Holzemporen und die über 80 Emporengemälde, dic von 1666 bis 1668 die Predigten des Pietisten Philipp Jakob Spener nach Art einer »Biblia pauperum« illustrieren sollten. Die kulturhistorisch bedeutsamen, künstlerisch aber anspruchslosen Gemälde sind erhalten und ruhen in einem Depot.

Doch das Herz der Stadt, dieser Platz an der Hauptwache, schlägt heftiger und lauter als je zuvor. Eine seiner Schlagadern, die breite Straße nach Osten, ist die Zeil, das Shopping-Paradies der Massen. »›Nehmt hin die Welt!‹ rief Zeus von seinen Höhen / Den Menschen zu. ›Nehmt, sie soll euer sein!‹« Als Friedrich Schiller dem Kollegen Goethe sein Gedicht *Die Teilung der Erde* schickte, fügte er den Rat bei, man solle es am besten mit Blick auf die Zeil lesen. Die Kaufhausschlucht zwischen Haupt- und Konstablerwache war schon damals der Mittelpunkt dessen, was Schiller das »prosaische Frankfurt« nannte. Vor gut sechshundert Jahren als Viehmarkt angelegt, ist die Einkaufsmeile heute eine der drei umsatzstärksten ihrer Gattung in Deutschland. Wo heute die Massen shoppen, war auch früher schon eine Straße zum Flanieren, zum Sehen und Gesehenwerden. Heinrich Heine will hier sogar eine Eroberung gemacht haben. In seinem, den Anlaß entsprechend lang, in fünfzehn Strophen auskostende Gedicht *Erinnerung* heißt es in der noch frohen Mitte:

»Ich ging die Zeil entlang, die schöngebaute,
Es war die Messe just, die Schacherzeit,
Und bunt war das Gewimmel, und ich schaute
Wie träumend auf des Volks Geschäftigkeit.

Da sah ich Sie! Mit heimlich süßem Staunen
Erblickt ich da die schwebende Gestalt,
Die selgen Augen und die sanften Braunen –
Es zog mich hin mit seltsamer Gewalt.

Und über Markt und Straßen gings, und weiter,
Bis an ein Gäßchen, schmal und traulich klein –
Da dreht sich um die Holde, lächelt heiter,
Und schlüpft ins Haus – ich eile hinterdrein.«

Der Spaziergänger bleibt diskret zurück. Er überquert an der Hauptwache die Große Eschenheimer Straße, staunt über die kolossale Bronze von *David und Goliath* (Richard Heß, 1970) und läßt sich unter den vier Platanenreihen im Einkaufsparadies treiben. Da könnte er nachvollziehen, was der seiner Heimatstadt in Haßliebe verbundene Romancier Martin Mosebach erkannt hat: »Nirgends in Frankfurt wird ein wichtiges Prinzip der heutigen Ökonomie so sichtbar wie auf der Zeil: die unablässig wachsende Produktion von unnötigem Zeug und das Hineindrücken dieser Produktion in die Bevölkerung, schnell, schnell, alles muß raus. Die Käufer erhalten schlechte Noten, wenn sie sich nicht schnell genug an diesem Spiel beteiligen. Hinter den Containerwänden schwillt und pumpt die Ware, und die Massen nehmen sie nicht augenblicklich ab – das ist eine Angstvorstellung. Wer hochbeladen von der Zeil zurückkehrt, hat sein kleines Stück Pflicht getan, darf sich aber nur kurz ausruhen und hat dann wieder anzutreten, damit die Maschinerie nicht zu husten beginnt.«

Wozu die Massen, außer zu konsumieren, noch fähig sind, hat der junge Elias Canetti auf der Zeil erfahren. Der spätere Nobelpreisträger lebte 1921 bis 1924 in Frankfurt und besuchte die Wöhlerschule im Westend. Im ersten Band seiner Autobiographie *Fackel im Ohr* beschreibt er Hunger und Armut der Inflationszeit. Der 17jährige Schüler hatte im Juni 1922 »anläßlich einer Demonstration gegen die Ermordung Rathenaus zum erstenmal das Erlebnis der Masse ... Ich stand auf dem Gehsteig, es müssen andere neben mir gestanden haben, die wie ich zusahen, ich erinnere mich nicht an sie. Ich sehe noch die großen, kräftigen Gestalten, die hinter dem Schild ›Adler-Werke‹ hergingen. Sie gingen dicht nebeneinander und warfen herausfordernde Blicke um sich, ihre Zurufe trafen mich, als gälten sie mir persönlich. Immer Neue kamen, sie hatten alle etwas Gleiches, das hing weniger mit ihrem Aussehen zusammen als mit ihrem Verhalten. Es nahm kein Ende, ich spürte eine starke Überzeugung, die von ihnen ausging,

Das Herz der Stadt: die Hauptwache

sie wurde stärker. Ich hätte gern zu ihnen gehört, ich war kein Arbeiter, aber ich bezog ihre Zurufe auf mich, als wäre ich einer.« Canettis Erinnerung an diese seine erste Demonstration war nachhaltig. »Es war ein Rätsel, das mich nicht mehr losließ, es hat mich den besten Teil meines Lebens verfolgt« – und ist in sein 1960 erschienenes Hauptwerk *Masse und Macht* eingegangen.

So repräsentativ die Zeil heute für den Massengeschmack des Konsumenten ist, so war die Zeil des 18. Jahrhunderts ein Ort bürgerlicher Repräsentation. Vor den Warenhäusern waren die großen Hotels da, in denen Kaiser abstiegen und große Künstler, später natürlich auch die zum ersten Deutschen Bundestag entsandten Diplomaten aus aller Herren Länder. Das Kaufhaus Karstadt, das wir nach Überquerung der Stiftstraße an der Ecke Schäfergasse erreichen, steht genau auf dem Platz, den einst das Hotel »Zum Römischen Kaiser« einnahm. Hier wohnten einmal Karl VII., Maria Theresia, Joseph II. und – Henriette Sonntag. Die weltberühmte Operndiva, die im November 1827 erstmals in Frankfurt gastierte, war nicht nur, wie es damals in der Zeitung hieß, eine »Heldin des Gesanges«, sondern auch eine wahrhaft Liebende. Dem Oberkellner Charles Keller schrieb sie kurz nach ihrer Abreise: »Schon seit dem ersten Augenblick als ich Ihr Hotel bestieg machten Sie einen bleibenden Eindruck auf mich, der zur flammenden Liebe genährt wurde durch Ihre Güte, durch Ihre Zuvorkommenheit, durch Ihr gefälliges Benehmen gegen mich. – Nein, es kann Ihnen unmöglich fremd geblieben seyn, wenn Sie mein Äußeres beobachtet haben, wenn Sie bei Ihrem Eintritt in mein Zimmer mein jedesmaliges Erröthen, mein Zittern, mein banges Herzklopfen bemerkt haben; es ist unmöglich. Sie müssen es wahrgenommen haben, daß ich Sie liebe! Und doch Sie Grausamer ließen Sie das arme Mädchen schmachten in Ihren Gefühlen reiner Liebe zu Ihnen, gingen gleichgültig an mir vorüber und wollten meinen Kummer und meinen Schmerz nicht bemerken und zwangen mich dadurch Ihnen dies Geständnis darzubringen. O warum bin ich jahrelang fest engagirt?« Die leidenschaftliche Künstlerin heiratete bald darauf einen sardinischen Diplomaten; der tüchtige Oberkellner aber ging, gewissermaßen durch die Dienstbotentür, auch noch in die Literaturgeschichte ein: Goethes getreuer Gesprächspartner Johann Peter Eckermann schwärmt in seinem Frankfurter Reisetagebuch im Jahr 1830 kaum weniger als die Sängerin von der erlesenen Art Charles Kellers.

Wir überqueren die Schäfergasse, erinnern uns an die kleine Zimmergalerie Frank, die dort 1952 mit den »Neuexpressionisten« Karl Otto Götz, Otto Greis, Heinz Kreutz und Bernhard Schultze Aufsehen erregte. Die Gruppe nannte sich fortan »Quadriga« und wurde unter diesem Namen berühmt. Wir stehen jetzt nach wenigen Schritten auf dem von Platanen umsäumten Platz der Konstablerwache in einer nur allzu prosaischen Gegenwart. Wo es heute billigen Imbiß und teure Drogen und zweimal in der Woche einen urig-hessischen Bauernmarkt gibt, war früher das Revier der Artilleristen, später der Jugend und der Lebewelt. An seiner rechten Ecke zur Kurt-Schumacher-Straße hin tobt das »Nachtleben«, ein Pop-Lokal mit Live-Konzerten, und um die Ecke in der Brönnerstraße 5-9 gibt es seit 1971 den aus dem Jazzlokal »Storyville« hervorgegangenen legendären Live-Club »Sinkkasten«. Man muß jedoch mit der U-Bahn von der Hauptwache bis zur Station Eschersheim fahren, um in einen der beliebtesten Rock-

Clubs Deutschlands zu kommen: in die 1976 aus der linken Gegenkultur entstandene »Batschkapp«. In ihrer »Kapp« spielen heute noch viele Bands, die dort ihre Karriere begonnen haben.

Der Spaziergänger freilich folgt der Zeil über die Kurt-Schumacher-Straße hinweg, einer der brutalen Verkehrsschneisen der fünfziger Jahre, und käme, wenn er denn weiterginge, auf direktem Weg in den Zoologischen Garten, wo es neben dem üblichen Getier- sogar ein Menschentheater gibt, das seit 1947 bestehende »Fritz-Rémond-Theater im Zoo«. Der legendäre Zoodirektor Bernhard Grzimek hatte den großen Komödianten Fritz Rémond eingeladen, mit ihm zusammen den zerstörten Zoo wieder aufzubauen, Grzimek für die Tiere, Rémond für die Kunst. Und beides florierte in ungeahntem Maße. Im Zootheater spielten Martin Held und Inge Meysel, Curd Jürgens und Heinz Rühmann, Lil Dagover, Hilde Krahl und Boy Gobert – und nicht zu vergessen: über viele Jahre immer wieder Hans-Joachim Kulenkampff. Auch heute ist das Theater unter Claus Helmers Direktion ein Lieblingsort beliebter Schauspieler. Und ein paar Minuten vom Zoo entfernt, in der Waldschmidtstraße 4, findet der an Theater & Tanz & Performance & Neuen Medien Interessierte in einer ehemaligen Seifenfabrik das Künstlerhaus Mousonturm, das unter Dieter Burochs Leitung seit vielen Jahren eine Spiel- und Produktionsstätte der internationalen Avantgarde ist. Im selben Haus arbeitet auch das Hessische Literaturforum, eine Anlaufstelle für alle Schriftsteller und solche, die es werden wollen. Schräg gegenüber steht das imposante Industrie-Denkmal der Naxos-Hallen, heute Spielplatz einiger Off-Bühnen und Kabaretts.

Selbst der theaterinteressierte Spaziergänger kann diese,

hier mehr theoretischen, Hinweise nur zur Kenntnis nehmen, denn wir gehen nicht bis zum Zoo, sondern bloß ein paar Schritte in die Ost-Zeil und biegen dann rechts in die Klingerstraße ein. Das Geburtshaus des Dichters, nach dem das Sträßchen heißt, stand an der übernächsten Straßenecke, heute Allerheiligenstraße Nr. 15, von wo aus es der weltläufige Friedrich Maximilian von Klinger schließlich zu hohen militärischen Würden am russischen Zarenhof brachte. In seiner Jugend aber war er eines jener »Originalgenies«, die der dramatischen Kunst jener Zeit einen neuen Stil verpaßten, getragen von einem überhitzten, flammenden Pathos. Sein Schauspiel *Der Wirrwarr* sollte unter dem zweiten Titel *Sturm und Drang* einer ganzen Bewegung den Namen geben. Er war ein enger Freund des etwa gleichaltrigen Goethe ebenso wie des Advokaten und Dramatikers Heinrich Leopold Wagner, dessen 1778 uraufgeführte *Kindermörderin* als Frankfurter Zeitstück gegolten haben muß, dramatisierte er doch als erster die Hinrichtung der Susanna Margarethe Brandt vor der Hauptwache. Welche Stürme auch später die Stadt bewegen sollten, der Sturm und Drang in der Dichtung kam schon sehr früh aus Frankfurt.

Wir gehen die heute ganz gewöhnlich aussehende Klingerstraße bis zum Ende, überqueren die Battonstraße – und stehen vor der dreihundert Meter langen Mauer des Alten Jüdischen Friedhofs, an der auf einem Fries von 111 340 Namensblöcken an die Mitglieder der dritten jüdischen Gemeinde in Frankfurt erinnert wird, die während der nationalsozialistischen Herrschaft deportiert und ermordet wurden. Auf einem der alphabetisch angeordneten Blöcke steht auch der Name eines weltweit bekannten Frankfurter Mädchens, das bis zur Flucht mit den Eltern in der Ganghoferstraße 24 im Dichterviertel aufwuchs: Annelies Frank. Das *Tagebuch der Anne Frank*, das die Dreizehnjährige in ihrem Amsterdamer Versteck 1942 begann und bis zu ihrem im KZ Bergen-Belsen erlittenen Tod im März 1945 schrieb, ist ein einzigartiges »document humain« über das Schicksal von Verfolgten im Holocaust. Es ist weltweit in über fünfzehn Millionen Exemplaren erschienen, wurde dramatisiert und verfilmt. Frankfurt gedachte Anne Frank in Feiern und Ausstellungen, einer nach ihr benannten Jugendbegegnungsstätte in der Hansaallee, Schulen, einer Straße und einer Siedlung. Aber Adorno berichtet auch in seiner Vorlesung zur »Aufarbeitung der Vergangenheit« von einer Zuschauerin, die nach einer Theateraufführung des *Tagebuchs* erschüttert gesagt habe: »Ja, aber *das* Mädchen hätte man doch wenigstens leben lassen sollen.«

Max Beckmann, Die Synagoge

Jetzt gehen *wir* erschüttert an der »Wand der Namen« entlang, öffnen das kleine Eisentor an der Platzseite (den Schlüssel dazu erhält man im benachbarten Jüdischen Museum) und stehen vor den Resten der Grabsteine von Frankfurts ältestem jüdischen Friedhof – der älteste Stein ist von 1272. Der Friedhof wurde bis 1828 belegt und versank dann in Vergessenheit – bis 1943 von den 6500 Grabsteinen 4000 zerschlagen wurden. Die benachbarte Synagoge war schon am 10. November 1938 in Brand gesetzt worden. Der Frankfurter Jude Valentin Senger, der die Nazi-Zeit versteckt überlebte, hat unter dem Titel *Kaiserhofstraße 12* eine Autobiographie geschrieben, in der er sein

Schicksal als Verfolgter schildert. Er war auch bei dem Brand der Synagoge dabei:

»Und dann stand ich in der Menschenmenge auf dem Platz und sah die Flammen, die aus dem großen Kuppelbau des Hauses schlugen. Etwa hundert Meter von der brennenden Synagoge entfernt bildeten SA-Leute und Hilfspolizisten einen Kordon, so daß niemand näher an die Brandstätte herankonnte. Ganz vorne, noch vor der Absperrung, stand eine Gruppe Hitlerjungen, feixte und lachte und machte eine Gaudi aus dem schrecklichen Geschehen.

Die Menschen hinter der Absperrung waren eher betreten, ich hörte kein Wort der Zustimmung. Neben mir erzählte eine Frau, sie habe gesehen, wie man am Zoologischen Garten Juden mit Lastwagen abtransportiert. Ein Mann sagte, er komme gerade von der Friedberger Anlage, die dortige Synagoge brenne ebenfalls und auch die alte Synagoge an der Allerheiligenstraße ... Ich weiß nicht mehr, wie lange ich da stand und in die Flammen starrte. Ein Gefühl überwältigte mich, wie ich es bisher nicht gekannt hatte: auch ich war einer von denen, die da gequält und geschunden wurden. Noch nie war es mir so deutlich ins Bewußtsein gedrungen, daß ich zu ihnen gehörte. Es waren meine Brüder und Schwestern, denen man die Scheiben zertrümmerte, die Wohnungen demolierte, die Geschäfte zerschlug, die Gotteshäuser zerstörte, die Thorarollen schändete und denen man Schlimmes an Leib und Leben antat.«

Überliefert ist uns die *Synagoge* durch Max Beckmanns Gemälde von 1919, das man im Städel besichtigen kann. Man kann sie aber auch auf der Südseite des Friedhofs, der »Gedenkstätte Neuer Börneplatz« mit dem Platanenhain und einem fünf Meter hohen Kubus aus Steinen der

Judengasse geradezu »ergehen«. Was von den Synagogen-Grundmauern noch übrigblieb, ist im Bodenbelag der Gedenkstätte als Torso des Synagogengrundrisses mit einem besonderen Material von der übrigen Platzfläche abgesetzt worden: Wenn man es betritt, läßt es »aufhorchen«, denn es verändert den Klang der Schritte – sie verstummen.

Der wellenförmige Neubau am Börneplatz hatte Anfang der neunziger Jahre einen erbitterten Kampf um die Bewahrung der letzten Reste des ehemaligen jüdischen Viertels, der Judengasse, ausgelöst. »Macht ihr der Judenstadt den Garaus, dann braucht's auch kein Goethehaus«, skandierten die Demonstranten. Es nützte nicht viel. Wieder einmal wurden authentische Zeugnisse, die einer langen Geschichte jüdischen Lebens in der alten Stadt, hier die der Judengasse, nicht zerstört, nein, sondern ausgegraben und in die Kellerräume des Neubaus versetzt, wo sie jetzt in einer Dependance des Jüdischen Museums zu besichtigen sind. Hier steht auch die Datenbank, in der die rekonstruierten Lebensläufe der aus Frankfurt deportierten Juden gesammelt und seit 2005 über das Internetportal www.Frankfurt.de gelesen werden können.

Vom Internet nochmals in die Vergangenheit: In der Judengasse stand auch das Geburtshaus des Erfinders des politischen Feuilletons, des Schriftstellers Ludwig Börne, der dort als Juda Löw Baruch geboren wurde und später mit recht gemischten Gefühlen an seine finstere Behausung dachte und an die langen schmalen Gassen, die dem Auge kein Ziel und keinen Ruhepunkt gönnten. »Da herrscht eine Dunkelheit, die wohl dienen kann zur Rückerinnerung an die zehen Plagen des Pharao und ein Symbol abgibt von der Geisteskultur der Juden.« Hier stand aber auch das Stammhaus der Rothschilds, jener sagenhaft reichen Bankiers-Dynastie, die halb Europa finanzierte. Der Grabstein ihres Gründers Meyer Amschel Rothschild steht noch auf dem alten Friedhof, nicht mehr auf seinem Grab, sondern in der Nähe des Eingangs, wo die vor der Zerstörung geretteten Grabsteine bedeutender Persönlichkeiten aufgestellt sind.

So sind die Eindrücke der Besucher Frankfurts, von denen keiner versäumte, einen Blick ins Ghetto zu werfen, sehr unterschiedlich. Heinrich Heine, der sich in jungen Jahren ein paar Tage lang vom älteren Kollegen Börne durch die Stadt führen ließ, malte später das Judenviertel im *Rabbi von Bacherach* zur freundlich-satirischen Idylle aus: »Bärtige Schwarzröcke, wie Ameisenhaufen; Weiber, glanzreich hinflatternd, wie Goldkäfer; neugekleidete Knaben, die den Alten die Gebetbücher nachtrugen; junge Mädchen, die, weil sie nicht in die Synagoge gehen dürfen, jetzt aus den Häusern ihren Eltern entgegen hüpfen, vor ihnen die Lockenköpfchen beugen, um den Segen zu empfangen: alle heiter und freudig, und die Gasse auf und ab spazierend, im seligen Vorgefühl eines guten Mittagmahls, dessen lieblicher Duft schon mundwässernd hervorstieg aus den schwarzen, mit Kreide bezeichneten Töpfen, die eben von den lachenden Mägden aus dem großen Gemeinde-Ofen geholt worden.« Der Däne Jens Baggesen dagegen, der 1789 in Frankfurt war, berichtet geradezu entsetzt von dem »Haufen Elend«, der ihm da entgegenquoll. »Welch ein Gewimmel von jammervollen Gestalten!« schrieb er in seinem Reisebuch *Das Labyrinth*. »Welch ein schwülwarmer Pestdunst von lebendigem, leblosem und totem Unflat!« Der Gestank könnte sich auf seinen Blättern verbreiten, fürchtete der zartsinnige Dichter, und seine Leser könnten in Ohnmacht fallen, wenn er auch noch Details schilderte.

Da halten wir uns denn doch, zum Abschied vom Neuen Börneplatz, lieber an Baggesens Landsmann Hans Christian Andersen. Der steckt im »Fünfundzwanzigsten Abend« seines *Bilderbuchs ohne Bilder* das Ghetto ins trauliche Märchenkleid: »›Es war in Frankfurt. Dort sah ich‹, so sprach der Mond, ›ein seltsames Bild. Mein Blick fiel auf ein altes Haus. Es war nicht das Haus, in dem Goethe geboren ward, auch nicht das alte Rathaus mit seinen vergitterten Fenstern, hinter denen noch immer die gehörnten Schädel der Ochsen bleichen, die bei der Kaiserkrönung am Spieß gebraten wurden. Nein – es war ein ganz gewöhnliches, grün angestrichenes Bürgerhaus, und es lag in der Nähe der engen Judengasse. Es war Rothschilds Haus. Ich sah durch die geöffnete Türe. Die Treppe war hell erleuchtet. Bediente, die brennende Kerzen in schweren Silberleuchtern trugen, standen auf den Stufen und verneigten sich tief vor einer alten Frau, die in einem Sessel die Treppe hinuntergetragen wurde. Der Herr des Hauses stand mit entblößtem Kopf und küßte der alten Frau ehrfurchtsvoll die Hand. Es war seine Mutter. Sie nickte ihm und den Bedienten freundlich zu, und die Diener geleiteten sie in die schmale düstere Gasse, an ein bescheidenes kleines Haus. Hier wohnte sie. Hier hatte sie ihre Kinder geboren, und von hier aus war ihr Glück erblüht. Wenn sie die verachtete Gasse und ihr kleines Haus verschmähte, so würde auch das Glück sich von ihr wenden: das war ihr fester Glaube.‹ – Der Mond erzählte nicht weiter ...«

Diese alte Frau Gudula, die mit ihrem Mayer Amschel die Dynastie der Rothschilds begründete, und die alte Frau Aja, die mit ihrem Johann Wolfgang ein neues Reich der Dichtung gebar – zwei Frauen im alten Frankfurt, wie sie gegensätzlicher nicht sein können, die jüdische Bankiersfrau aus der Judengasse und die Frau Rat aus der Patrizierfamilie im Großen Hirschgraben, aber beide warmherzig, lebensklug und ganz bei sich selbst –, sind sie nicht die Mütter all dessen, was diese Stadt über die Jahrhunderte auszeichnete und was man immer mit »Geist und Geld« schlüssig zusammengefaßt hat?

Wir sind immer noch im alten jüdischen Viertel und wenden noch einmal den Blick zurück zur schrecklich langen »Wand der Namen«. Es ist ja die Mauer des alten Judenfriedhofs, die hier als Erinnerungstafel dient. Als einst Heinrich Heine hier mit Börne spazierenging, soll er den damals noch uneingeschränkt verehrten »lieben Doktor« gefragt haben, wo denn jetzt die großen Ochsen seien, die, wie sein Vater ihm einst erzählt habe, auf dem jüdischen Kirchhofe hier zu Frankfurt herumliefen und in der Nacht so entsetzlich brüllten, daß die Ruhe der Nachbarn dadurch gestört wurde. »›Ihr Herr Vater‹, rief Börne lachend, ›hat Ihnen in der Tat keine Unwahrheit gesagt. Es existierte früherhin der Gebrauch, daß die jüdischen Viehhändler die männliche Erstgeburt ihrer Kühe nach biblischer Vorschrift dem lieben Gotte widmeten, und in dieser Absicht, aus allen Gegenden Deutschlands, hierher nach Frankfurt brachten, wo man jenen Ochsen Gottes den jüdischen Kirchhof zum Grasen anwies, und wo sie bis an ihr seliges Ende sich herumtrieben und wirklich oft entsetzlich brüllten. Aber die alten Ochsen sind jetzt tot, und das heutige Rindvieh hat nicht mehr den rechten Glauben, und ihre Erstgeburten bleiben ruhig daheim, wenn sie nicht gar zum Christentume übergehen. Die alten Ochsen sind tot.‹«

Das läßt ein wenig hoffen. Wir gehen durch den jungen Platanenhain hinter dem Friedhof zum Rechneigraben, wenden uns, den Kubus aus Steinen der Judengasse jetzt im Rücken, nach rechts zur Kurt-Schumacher-Straße und erblicken drüben auf der anderen Seite das nach dem Krieg erneuerte Konventsgebäude des Dominikanerklosters, in dessen Hof mit teilweise erhaltenem Kreuzgang das Volkstheater im Sommer seine Freilichtspiele veranstaltet. Von der gotischen Hallenkirche ist nur der Chor erhalten. Der Spaziergänger läßt jetzt die Klosteranlage rechts liegen und geht schnurstracks vor dem neuen Heiliggeist-Kirchlein durch die Dominikanergasse auf die Fahrgasse zu, Frankfurts wichtigster Straße im Mittelalter, war sie doch die Verbindung zu der einzigen Mainbrücke. Direkt an der Gassenkreuzung lockt die kleine Wirtschaft »Am Löwenbrunnen« – und tatsächlich thront ein roter Sandsteinlöwe gleich rechts daneben über einem klassizistischen Pumpbrunnen aus dem Jahr 1781. Und über dem Hauseingang Nr. 27 hängt noch ein zweites Raubtier: als Sandsteinrelief des alten Wirtshausschildes »Zum Goldenen Löwen«. Das zum Schild gehörige Haus stand seit 1598 etwas links dahinter. Der Gasthof wurde weltberühmt wegen eines Gastes, der hier höchst unfreiwillig logierte: Es war Voltaire, den der Preußenkönig Friedrich II. auf der Rückreise von Berlin nach Frankreich am 30. Mai 1753 in Frankfurt verhaften ließ. Der Vorwand, ein verfänglicher Gedichtband des Königs, fand sich nicht im Reisegepäck des Philosophen, aber die Verhandlungen zogen sich hin. Vor allem war es wohl Friedrichs Schmerz über eine verlorene Liebe, der seinen langjährigen Freund insgesamt fünf Wochen lang in Frankfurt festhielt – kein Ruhmesblatt auch für die freie Reichsstadt, die sich den königlichen Wünschen nur allzu dienstfertig fügte. Voltaire ließ seinen Zorn später in einem Vierzeiler aus, der auf deutsch etwa so lautet: »Damals, als an den Ufern des Mains zwei barbarische Wegelagerer /

das Maß ihrer Gemeinheit und Grausamkeit an mir vollmachten, / da brachte die Arbeit mir Ruhe und Halt. / Diese kunstfremde Höhle wurde so der Kunst zum Asyl.«

Ein kunstfreundliches Gehäuse sehen wir jedoch schon an der nächsten Kreuzung zur Braubachstraße im von Max Hollein entworfenen postmodernen »Museum für Moderne Kunst« (MMK), im Volksmund wegen seines Grundrisses und der skulpturalen Architektur auch »Tortenstück« genannt, das mit der Pop-Art-Sammlung des Darmstädter Industriellen Karl Ströher begann und sich zu einem kleinen deutschen MoMa entwickelt hat, dessen ungewöhnliche Präsentationen moderner Kunst internationale Aufmerksamkeit erregen. Seine Aura hat inzwischen auch die alte, in den fünfziger Jahren wiederaufgebaute Fahrgasse erfaßt, die heute mit der Braubachstraße eine lebendige Galerienszene aufweist.

Und schon stehen wir – wenn der Spaziergänger es schafft, an der verführerischen Chocolaterie »Bitter & Zart« (Domstraße 4) vorbeizugehen – am rotsandsteinfarbenen Dom. Bevor wir uns der Kirche zuwenden, gehen wir links am Nordportal vorbei und sind an einem stimmungsvollen Ort: unter den hohen Kastanien steht eine spätgotische über sieben Meter hohe Kreuzigungsgruppe, die der angesehene Ratsherr Jakob Heller gestiftet und der Meister aus Mainz, Hans Backoffen, 1509 geschaffen hat. Hier im Freien steht eine Kopie, das Original ist in der Turmhalle. Wenn der Spaziergänger ins Innere des Doms will, werden wir ihn dabei nicht begleiten können: für die Hochgräber, die Altäre, die Grabkapelle und die Wahlkapelle, das Sakramentshaus und den Bartholomäusfries und viele andere historische Kostbarkeiten wird die Zeit nicht reichen; und sie bedürfen wohl besonderer Erläuterung. Begnügen

Die alte Stadt: Paulskirche und Römerberg mit Nikolaikirche, Schirn und Dom

wir uns deshalb an diesem stillen Ort mit der Kreuzigungsgruppe, die ja ehemals auf dem ältesten Frankfurter Friedhof um den Dom stand. Aber ist diese Kirche wirklich ein Dom?

Die alte Stiftskirche St. Bartholomäus, im 13. und 14. Jahrhundert aus den Resten der karolingischen Salvatorkapelle herausgewachsen, erhielt schon früh diesen Titel, obwohl sie nie ein echter Dom, eine Bischofskirche also, gewesen ist. Aber als Wahl- und später sogar Krönungsstätte deutscher Könige und Kaiser stellte sie schließlich etwas ganz Außergewöhnliches dar. Allerdings zog sich der Bau sehr in die Länge. Als 1792 der letzte Kaiser des Heiligen Römischen Reiches Deutscher Nation, Franz II., in Frankfurt gekrönt wurde, fehlte immer noch die Turmspitze. Dabei war der »Pathorn«, wie die Frankfurter ihren Pfarrturm seit alters nennen, bald die Hauptattraktion der stolzen Kirche; der Rundblick von oben über die Stadt, den Main und den Taunus lockte Reisende aus ganz Europa zum beschwerlichen Aufstieg, auch wenn man – wie Victor Hugo ausführlich beklagte – alle paar Stufen Trinkgeld zahlen mußte.

Von einem besonderen Erlebnis in luftiger Höhe berichtet 1839 der Wiener Possendichter Ignaz Franz Castelli: »Der Turmwächter war nicht zu Hause, und nur sein Weib, eine kleine freundliche und lustige Person, saß in ihrem winzigen Kämmerlein. Müde vom Steigen setzte ich mich darin nieder. Kaum saß ich aber, so bewegte sich mein Stuhl, als ob ein Erdbeben wäre, und Töne gellten an mein Ohr, daß mich dieses schmerzte, meine Knie schlotterten, und alle meine Nerven bebten, ich konnte kein Wort sprechen; wenn ich aber auch eines hätte sprechen können, kein Mensch würde es verstanden haben. Die Turmuhr befindet sich nämlich gerade unter des Turmwächters Zimmer, und wenn diese zu schlagen anfängt, so glaubt man wirklich, die letzte Posaune ertöne und der Turm stürzte ein. Sollte man doch denken, wenn man so durch eine Stadt geht, auf den Kirchturm hinaufsieht und ein kleines Fensterchen gewahr wird, der Turmwächter dort oben muß zwar ein einsames, aber ruhiges Leben führen, ja, prost die Mahlzeit! Diese Uhr ist die ewige Unruhe seines Lebens.«

Noch immer kann man den spätgotischen Domturm mit seinen eher bescheidenen 95 Metern besteigen, und dem Spaziergänger liegt die Geschichte der Stadt zu Füßen: Im Süden der Main und die Furt, durch die der Sage nach eine weiße Hirschkuh dem vor den Sachsen flüchtenden Karl dem Großen den rettenden Weg gewiesen hat; die Alte Brücke, die über Furt und Insel nach Sachsenhausen führt, dem ehemaligen Fischerdorf, das heute eher durch seine Ebbelwei-Wirtschaften bekannt sein dürfte. Im Osten vor allem die Industriegebiete der Stadt, im Norden die Wohnviertel und die neue Universität und im Westen in ungewohnter Augenhöhe die Skyline der Wolkenkratzer, die Stadt der Geschäfte und des Geldes. Direkt unter sich muß man sich die ehemalige gotische Altstadt zwischen Dom und Römer vorstellen, eine Idylle enger Gassen und spitzgiebliger Fachwerkhäuser, die 1944 in einer einzigen Nacht verbrannt ist. Von oben aber sehen wir heute auch deutlicher das verwirrende Durcheinander eines planlosen Wiederaufbaus, der mehr zerstörte, als es die Bomben vermochten. Da stehen rekonstruierte Fachwerkhäuser neben billig und schnell errichteten Wohnhäusern der fünfziger Jahre, das dreifüßige Betonungetüm des Technischen Rathauses neben dem neu aufgemauerten Archäologischen Garten und einer riesigen Tiefgarage, eine überdimensionierte Rotunde neben einem zerlaufenden Platz,– ein städtebauliches Tohuwabohu, dessen Zeit aber auch schon wieder abgelaufen zu sein scheint. Das Technische Rathaus und seine Umgebung werden abgerissen, und die Stadt will die frei gewordenen Flächen der Altstadt neu bebauen, und zwar so, daß die historischen Maße wie die mittelalterlichen Strukturen der Gassen und Plätze respektiert, vielleicht sogar einige Gebäude von historischem Rang rekonstruiert werden. Das Gesicht der alten Stadt soll wieder sichtbar werden, ihr Herz soll wieder schlagen. Inzwischen kann sich der Spaziergänger ihre sichtbare Vergangenheit auf der schönen Internetseite www.altfrankfurt.com ansehen.

Bis zur wie auch immer gestalteten Rekonstruktion von alten Gassen und Plätzen wird noch einige Zeit vergehen. Wir verlassen unseren Ausguck, kehren zurück zur geschundenen Erde und durchstreifen das, was das vergangene Jahrhundert uns an sichtbarer und unsichtbarer Geschichte zurückgelassen hat. Zur unsichtbaren Geschichte gehören die Schriftsteller, und wenn wir den Dom verlassen, tritt der Spaziergänger sogleich in den Schatten des zweitberühmtesten Frankfurters, dem schließlich Theodor Heuss den klassisch-demokratischen Ritterschlag versetzte. »Immer, wenn ich hier war«, sprach der erste Bundespräsident 1959 in der Paulskirche, »spürte ich beides: Weite einer Weltgesinnung und Nähe eines Heimatgefühls, Goethe und Friedrich Stoltze.« Wir treten also aus St. Bartholomäus und gehen geradeaus die Domstraße bis zur nächsten Ecke links, wo sich unter der Adresse Braubachstraße Nr. 13 das Kulturzentrum der Katholischen Kirche (mit Dom-Museum) und eine Dependance des MMK befinden. Eine Gedenktafel neben dem Eingang weist darauf hin, daß sich hier, bis zum Altstadtdurchbruch 1904, das Haus »Zum Rebstock« befand, in dem der Dichter Friedrich Stoltze am 21. November 1816 zur Welt kam. Das Haus war ein Wirtshaus, der Dichter ein Berufs-Frankfurter, der sich besonders gern und gut in der heimischen Mundart ausdrückte und die Verse schrieb, die seitdem zum liebenswert-großmannsüchtigen Credo jedes Frankfurters wurden:

»Es is kaa Stadt uff der weite Welt,
die so merr wie mei Frankfurt gefällt,
un es will merr net in mein Kopp enei:
wie kann nor e Mensch net von Frankfort sei!«

Den typischen Frankfurter Superlativ hat also auch der Lokalpoet bereits benutzt; wir werden ihm auf diesem Spaziergang noch öfter begegnen – und am Ende erfahren, daß er viel mehr war als ein Lokalpoet.

Jetzt aber gehen wir wieder die paar Schritte zurück zum Dom und zum neuen »Markt«, dem ehemaligen Krönungsweg deutscher Könige und Kaiser zwischen Dom und Römer, und stehen vor der langgestreckten Schirn-Kunsthalle, einem Ausstellungshaus mit internationaler Reputation, das seinen Namen von den mittelalterlichen Verkaufsständen der Frankfurter Metzger herleitet, die vormals diesen Ort belebten. Victor Hugo, der hier – noch ärgerlich über das viele Trinkgeld, das er in der Kirche lassen mußte – sich vom Dom zum Römer kämpfte, kam aus dem Staunen nicht mehr heraus: »Es ist nicht möglich, ältere und schwärzere Häuser sich über üppigere Haufen frischen Fleisches beugen zu sehen«, schrieb er 1842 in seinem Reisebuch *Le Rhin.* »Ich weiß nicht, welche eßlustige Heiterkeit auf diesen sonderbar gedeckten und behauenen Fassaden ruht, deren Untergeschoß wie ein tiefer, weit offener Schlund unzählige Ochsen- und Schöpfenviertel zu verschlingen scheint. Blutige Metzger und rosige Metzgerinnen plaudern anmutig unter den Girlanden von Hammelfleisch.«

Wer sich noch weiter zurück in die Vergangenheit sehnt, der darf hier, zwischen Dom und Schirn, einen Blick hinunterwerfen in den Archäologischen Garten zu den konservierten Mauerresten, die man nach dem Zweiten Weltkrieg ausgegraben hat. Zu erkennen sind die Fundamente zweier römischer Badeanlagen aus dem ersten nachchristlichen Jahrhundert, darüber die Überbleibsel der karolingischen Pfalzanlage aus dem frühen neunten Jahrhundert sowie einige spätmittelalterliche Kellersteine. Und natürlich kann man dieses Mittelalter auch ansehnlich wiederherstellen. Die Stadt hat das am Römerberg, zu dem wir jetzt, die Schirn entlang, nach rechts hinuntersteigen, schon fast mit disneylandlichem Gestaltungseifer versucht. Der Platz vor den drei gotischen Staffelgiebeln des Rathauses mag, nach der historischen Rekonstruktion von sechs Knusperhäuschen gegenüber, ein bißchen wieder so aussehen wie damals, als der fünfzehnjährige Goethe die Feierlichkeiten zur Krönung Josephs II. beobachtete. Wir aber müssen hier auf die ausführliche Schilderung des Ereignisses im fünften Buch von *Dichtung und Wahrheit* verzichten. Dafür verweisen wir auf den historischen »Ratskeller«, ein gutbürgerliches Restaurant im Römer (Eingang Paulsplatz), wie ihn jede Stadt, die auf sich hält, gerne vorzeigt.

Vom Römerberg aus, der »gud Stubb« der Stadt, gibt es in allen Richtungen etwas zu entdecken. Noch am alten Krönungsweg, von dem wir kommen, das »Steinerne Haus« mit dem regen Frankfurter Kunstverein, und da, wo der Römerberg zum Main hin abfällt, die Alte Nikolaikirche. Oben vom Umgang des Turms hat seit 1460 der Türmer geblasen, um die Ankunft des täglichen Marktschiffes von Mainz zu melden; auf der Galerie am Dachfuß hatten beim Spektakel der Passionsspiele und Kaiserkrönungen die Frankfurter Ratsfamilien die besten Plätze. Hinter der Kirche das Historische Museum, bestehend aus einem geradezu beispielhaften Ensemble verschiedener Bauten aus verschiedenen Epochen, beginnend mit dem ältesten Teil Frankfurts, der um 1140/60 unter Friedrich I. Barbarossa begonnenen Königspfalz und der Saalhofkapelle (vom Main her zu sehen), weitergehend mit dem barocken Bernusbau und dem romantisierenden Burnitzbau an der Uferfront, und endend mit dem Rententurm an der ehemaligen Anlegestelle der Marktschiffe. Im Historischen Museum könnte der Spaziergänger viele Stunden verbringen. Wir verzichten, sehen uns aber unbedingt im Museum das Altstadt-Modell der Gebrüder Treuner an, daneben das der zerstörten Stadt, wobei – so der ehemalige oberste Stadtarchivar Heinz Schomann – »der Zerstörungsgrad zur Rechtfertigung modernen Wiederaufbaus übertrieben wurde«.

Wir verlassen das Museum, verabschieden uns am Ausgang von Karl dem Großen, der von der »Alten Brücke« schon zu Beginn des letzten Jahrhunderts hierher umziehen mußte, sehen gegenüber das Haus Wertheim, das als einziges Fachwerkhaus von über eintausend seiner Art den Zweiten Weltkrieg überstand, und gehen Richtung Römer, wenden aber dem Rathaus Römer mitsamt seinen 52 Kaisern, im Kaisersaal in 52 gotischen Bögen in Öl verewigt, den Rücken und uns einem Wahrzeichen der Stadt zu, dem Gerechtigkeitsbrunnen mit bronzener Justitia obenauf, deren – an Körper und Geist – etwas lädierte steinerne Vorgängerin kein anderer besang als Friedrich Stoltze:

»Das ist die Frau Gerechtigkeit!
Sieht aus als wie die Schlechtigkeit;
Die Waag' ist fort, daß Gott erbarm,
Zum Teufel samt dem halben Arm;
Das Schwert, das Sinnbild der Gewalt,
Das hält sie aber noch umkrallt.
Die Nas' ist fort; sie war von Stein,
Die hätt' auch müssen wächsern sein.
O Vogelscheuche du von Recht,
Für Frankfurt bist du doch zu schlecht!
Wie wär's, wenn man sie so zerstückt,
Einmal nach Hessen-Kassel schickt?
Und hätt' sie da die Stadt beseh'n,
Könnt' sie auch nach Hannover geh'n;
Auch in Berlin die Polizei
Besuchen könnt sie nebenbei!
Und über Breslau, von Berlin,
Könnt' sie per Eisenbahn nach Wien!
Von dorten könnt' sie nach Paris,
Da wär' sie wie im Paradies!«

Der Römerberg war und ist auch das politische Zentrum der Stadt, in guten wie in schlechten Tagen. Davon zeugen die Kaiserkrönungen, die Feste über die Jahrhunderte, davon zeugen die 1932 mit dem *Urfaust* begonnenen »Römerbergfestspiele«, die im Laufe der Jahre als »reichswichtig« von den Nazis diskreditiert wurden. Davon zeugt auch eine zwischen dem Gerechtigkeitsbrunnen und der Nikolaikirche ins Pflaster eingelassene Gedenktafel zur Erinne-

Demokratischer Erstversuch: die Paulskirche

rung an die Bücherverbrennung, jenem Massenspektakel am Abend des 10. Mai 1933, das die geistige Machtübernahme der Nationalsozialisten einleitete. 15 000 Frankfurter sollen dabei zugeschaut haben. Heinrich Heines prophetische Sätze von 1820 stehen auf der Tafel: »Das war ein Vorspiel nur. Dort wo man Bücher verbrennt, verbrennt man am Ende auch Menschen.«

Nach dieser Reminiszenz an düstere Tage der Barbarei sind wir reif für das Haus der deutschen Demokratie: Die Gerechtigkeit im Rücken, gehen wir vom Römerberg über die Braubachstraße zur Paulskirche, zum heiligen Ort der ersten deutschen Nationalversammlung 1848/49. Den elliptischen Rundbau mit dem klassizistischen Turm, den ein goldenes Kreuz krönt, hatte man erst fünfzehn Jahre vor dem großen Ereignis fertiggestellt. 1944 völlig ausgebrannt, war die Kirche dann das erste Gebäude der Stadt, das gleich nach dem Krieg mit Spenden aus ganz Deutschland wieder aufgebaut wurde. Im Wiederaufbau »verbanden sich der strenge Geist des Klassizismus mit der kargen Aufrichtigkeit der Nachkriegszeit« (Architekt Rudolf Schwarz). Die nicht historische, vielmehr interpretierende Rekonstruktion erfolgte sowohl im Hinblick auf den hundertsten Jahrestag des Paulskirchen-Parlaments wie auch in der Hoffnung, daß sie Sitz eines neuen deutschen Parlaments werden möge. Aber Bonn und nicht Frankfurt wurde 1949 Hauptstadt der Bundesrepublik.

1989 überzog Johannes Grützke den ovalen Kern der Wandelhalle mit einem ironisch-pathetischen Panorama ohne Anfang und Ende (3 m hoch, 32 m lang), dem *Zug der Volksvertreter*, der sowohl als profane Prozession wie auch als Trauerzug gedeutet werden kann. In seiner Doppeldeutigkeit spiegelt er »die Demokratie, die Einigkeit, die deutsche Vielheit, die deutsche Zwietracht, die deutsche Ohnmacht«. Und Grützke erläutert weiter: »Volksvertreter, haben die nicht Hände wie wir? Füße in Schuhen? Jakken, Hosen, ganz wie wir? Sind sie nicht alt? oder jung? Mann? oder Frau? Klein oder groß? dünn? oder dick? dumm? oder klug? Ganz wie wir? Aber sie sollen sich nicht so gehen lassen wie wir, sie sollen sich zusammennehmen. Wir haben sie gewählt, damit sie uns *gut* vertreten, nicht schlecht oder lässig vertreten. Sie sollen dankbar sein für ihr Gewähltsein, ihr Gewähltsein sei ihnen eine Ehre.« Die Identifizierung des etwa zweihundertköpfigen Zuges überlassen wir gern dem wißbegierigen Spaziergänger.

Heute ist die Paulskirche ein Ort für besonders würdige Feierstunden; seit 1948 wird hier der Goethepreis der Stadt verliehen, erster Preisträger war 1927 Stefan George. 1930 erhielt Sigmund Freud (sehr umstritten) den Goethepreis, drei Jahre später wurden seine Bücher auf dem Römerberg verbrannt. Thomas Mann wurde im Goethejahr 1949 mit dem Preis ausgezeichnet, nach seiner Rückkehr aus der Emigration, und hielt eine berühmte Rede. Weitere große Preise der Stadt werden im Namen von Theodor W. Adorno und Max Beckmann verliehen, es gibt auch einen Preis im Namen des Frankfurter Juden, der wie kein anderer für die Freiheit kämpfte, den Ludwig-Börne-Preis. Und alljährlicher Höhepunkt der Frankfurter Buchmesse ist die Verleihung des Friedenspreises des Deutschen Buchhandels. Von den vielen Gedenktafeln, die die Außenwand der Kirche schmücken, fällt freilich eine aus dem historischen Rahmen: das Porträt-Relief von Philipp Jakob Spener, der als Vater des Pietismus gilt. Der Senior des Frankfurter Predigerministeriums hielt am 1. August 1666 seine Antrittspredigt in der Barfüßerkirche; sie mußte dem Neubau der Paulskirche weichen, der dann gleich von der Nationalversammlung genutzt wurde.

Unter den fast sechshundert berühmten Abgeordneten, deren Fraktionen sich nach den Frankfurter Lokalen nannten, in denen sie aus politischen Stammtischen heraus entstanden waren, fände der Spaziergänger – von Ernst Moritz Arndt bis Ludwig Uhland – einen wesentlichen Teil der Literaten des 19. Jahrhunderts. Viele Schriftsteller haben ihre Erinnerungen an die ersten Tage der deutschen Demokratie aufgeschrieben, am dramatischsten natürlich der Bühnendichter und Theaterkritiker Heinrich Laube, der einen besonders ereignisreichen Tag, den 18. September 1848, schildert: »Da entstand plötzlich eine allgemeine Bewegung in der ganz gefüllten Kirche; es waren Nachrichten hereingebracht worden, Volksmassen näherten sich der Paulskirche und wollten eindringen. Gagerns Ton verwandelte sich, und er rief mit mächtiger Stimme, das Parlament sollte in würdiger Haltung verharren – eine unheimliche Erinnerung an die Sitzungen des Konvents in Paris; da polterte es hinter uns, die wir oben am Nordende saßen. Die äußere Tür schien gesprengt zu werden. Wir, die zunächst Sitzenden vom ›Augsburger Hofe‹, sprangen auf und eilten an die innere Tür, welche etwa fünf bis sechs Schritt von der äußeren entfernt war, und stemmten uns gegen dieselbe, sofort erfahrend, daß dieser Widerstand notwendig war … Die Tür bog sich bereits wie ein Fiedelbogen, und wenn sie aufsprang, so drang die Volksmasse über uns herein und es entstand ein Massaker.« Glücklicherweise machte das österreichische Militär dem Spuk noch rechtzeitig ein Ende – und Heinrich Laube wurde bald darauf Direktor des Wiener Burgtheaters.

Der Frankfurter Publizist Walter Boehlich hat nach den

Redeprotokollen des Parlaments (16 000 Spalten!) in seiner szenischen Dokumentation *1848* die Quintessenz aus den Debatten der Nationalversammlung gezogen. Er hat dieses Parlament als ein eminent politisches gezeigt: »Die Forderungen der Linken hatten die Vernunft und den Fortschritt für sich; wären sie damals nicht von der liberalen und konservativen Mehrheit niedergestimmt worden, dann hätte die deutsche Geschichte nicht den bekannten, immer wieder auch kriminellen Verlauf genommen. Die Deutschen hätten, statt nach innen und außen Unfreiheit zu verbreiten, rechtzeitig sich Freiheit erkämpft und sich mindestens drei Bürgerkriege (1864, 1866 und 1870/71), zwei Weltkriege und Hitler erspart.«

Wir verlassen den Ort des nationalen Auf- und Einbruchs und gehen nach rechts durch einen Brückenbogen – vom trefflichen Volksmund »Seufzerbrücke« genannt –, der das alte Rathaus mit der Stadtkämmerei verbindet. An der nächsten Straßenecke auf der linken Seite steht das Alt-Frankfurter Bankhaus der Gebrüder Bethmann, das an der Außenmauer in der Buchgasse über der Nummer 11 eine von Engelsflügeln gehaltene Steintafel trägt, die dem aufmerksamen Wanderer mitteilt, daß Martin Luther hier genächtigt hat, vom 14. zum 15. April 1521, auf der Reise zum Reichstag nach Worms. An das Haus, in dem der Reformator noch recht naiv den Kopf in den Sand steckte, und das »Zum Strauß« hieß, erinnert ein originelles Strauß-Fresko neben dem Bank-Eingang. Auf der Rückreise, die Luther ebenfalls an dieser Stelle unterbrochen haben soll, schrieb er am 28. April einen Brief an Lukas Cranach; da wußte er endlich, was die Religionsstunde geschlagen hatte: »Ich laß mich eintun und verbergen, weiß selbst noch nicht wo ... Es muß ein klein Zeit geschwiegen und gelitten sein. Ein wenig, so sehet ihr mich nicht, und aber ein wenig, so sehet ihr mich, sprach Christus. Ich hoff, es soll itzt auch so gehen. Doch Gottes Wille als der allerbeste geschehe hierin, wie im Himmel und Erden, Amen.«

Der Spaziergänger, jenseits der Reichsacht, schlendert, den Eingang zum Bankhaus im Rücken, zur verkehrsreichen Berliner Straße, überquert sie, und bewundert in den Schaufenstern des Eckhauses zum Kornmarkt die kostbaren Erzeugnisse der 1746 gegründeten kurfürstlich-mainzischen Höchster Porzellan-Manufaktur, der – nach Meißen – zweitältesten Manufaktur Deutschlands. Er geht die Berliner Straße weiter in Richtung Paulskirche und biegt gleich links in die Sandgasse ein. Hier gedenkt er neben einem inzwischen denkmalgeschützten Parksilo des Hauses »Zum Goldenen Kopf«, eines – wie Goethe bemerkte – »düster gelegenen Handelshauses« in der ehemaligen, heute nicht mehr existierenden Großen Sandgasse Nr. 12, in dem die Brentanos wohnten, Clemens und Bettina einen Teil ihrer Jugend verbrachten. Wenn auch dieses Haus nicht mehr existiert, so hat doch inzwischen eine rührige Bürgerinitiative am Nidda-Ufer des Brentanoparks im Stadtteil Rödelheim das »Petrihäuschen« restauriert, das Georg, der Bruder von Clemens und Bettina, 1819 von dem Bäcker Petri kaufte und von dem Berliner Architekten Karl Friedrich Schinkel zu einem Gartenhaus im Schweizer Stil umbauen ließ, als sommerliches Refugium.

Am Ende der Sandgasse stoßen wir auf den kleinen Friedrich-Stoltze-Platz, mit einem Brünnchen in der Mitten, einer Büste des Dichters und dem freundlichen Nachruf: »Der lebte nicht vergebens / Auch ihm sei Dank und Sang, / Wer um den Ernst des Lebens / Den Menschen Rosen schlang.« Nun ja, Stoltze ist einer, auf den sich viele berufen können:

die gemütlichen Apfelweintrinker und die heftigen Freiheitskämpfer, die Lokalpatrioten und die Vaterlandsfreunde. Er hat Gelegenheitsverse gereimt für fröhliche Stammtische, er hat eine auch überregional aufmerksam verfolgte politisch-satirische Wochenschrift gegründet – und er wurde wegen einiger besonders frecher Gedichte »in hochdeutscher Mundart« zu einem Jahr Gefängnis verurteilt. Aber Stoltzes Welt ist untergegangen, sowohl die verhaßte preußische als auch seine geliebte Frankfurter Welt.

Wenn wir nun vom Brünnchen aus, die Katharinenkirche im Rücken, die Bleidenstraße hinuntergehen bis zum Liebfrauenberg, dann wissen wir, daß hier einmal der Platz war für Markt und Messen, mit Kramläden, ähnlich denen, die heute noch die Liebfrauenkirche rahmen. Es lohnt sich, links der Kirche in den Klosterhof zu gehen, zu einem »Ort der Stille« mit vielen brennenden Kerzen, völlig überraschend im lauten Zentrum der Stadt.

Wir verlassen den frommen Ort und umrunden die Kirche; hier am Schärfengäßchen muß das Haus am Spangenberg, von dem nichts mehr existiert, mit dem prachtvollen »Scharffischen Saal« gestanden haben, in dem 1763 der siebenjährige Wolfgang Amadeus Mozart mit seiner Schwester, dem »Nannerl«, vier Konzerte gegeben hat. Es war ein großes Ereignis, zu dem die Frankfurter in Massen strömten. Auch der Kaiserliche Rat Goethe kam mit seinem vierzehnjährigen Sohn, bezahlte vier Gulden und sieben Kreuzer für den Eintritt, und der Sohn berichtete fast sieben Jahrzehnte später Eckermann davon: »Ich habe Mozart als siebenjährigen Knaben gesehen, wo er auf der Durchreise ein Konzert gab ... und ich erinnere mich des kleinen Mannes in seiner Frisur und Degen noch deutlich.« Und bekannte als über Siebzigjähriger: »Aber freilich, eine

Erscheinung wie Mozart bleibt immer ein Wunder, das nicht weiter zu erklären ist.« Bei Mozarts zweitem Besuch in Frankfurt, 27 Jahre später anläßlich der Krönungsfeierlichkeiten für Kaiser Leopold II., wollten die Frankfurter von dem einstigen Wunderkind nicht mehr viel wissen. Der verschuldete Meister logierte im »Schwan«, hoffte auf Gunst und Gulden der hohen Herrschaften, war aber nicht zu den Festlichkeiten geladen, wohl aber sein ewiger Konkurrent Salieri. So mußte er sein Konzert im Komödienhaus selbst organisieren, kam jedoch gegen den offiziellen Trubel nicht an. »Von der Ehre herrlich« sei das dreistündige Konzert gewesen, schrieb er an sein »liebestes Herzens-Weibchen« in Wien, »aber in Betreff des Geldes mager«. So schied Mozart erbittert von Frankfurt: »Übrigens sind die Leute hier noch mehr Pfennigfuchser als in Wien.«

Und doch gab es hier schon 1781 mit dem *Idomineo* zum ersten Mal eine Mozart-Oper, wurde 1783, ein Jahr nach der Uraufführung in Wien, *Die Entführung aus dem Serail* aufgeführt, 1789 der *Don Giovanni* und 1793 *Die Zauberflöte*. Frankfurt war also durchaus offen für Mozarts Musik.

Wir verlassen jetzt im Geiste Frau Scharffs Konzertsaal mit den kristallenen Lüstern und gehen über den Liebfrauenberg mit seinem barocken Brunnen samt Obelisken, vorbei an einem Café zu einem schmalen Durchgang, der zu einer von den Frankfurtern sehr geschätzten, ja geliebten Institution führt: der Kleinmarkthalle. Sie zu durchwandern ist ein absolutes Muß. Bevor wir aber die Halle betreten, zollen wir noch einem Manne Respekt, der als »Begründer des Atomzeitalters« in den Geschichtsbüchern und dessen Denkmal-Büste rechts neben dem Eingang steht:

Frankfurter Genüsse: die Kleinmarkthalle

»Hier stand das Geburtshaus von Otto Hahn, 1879-1968, Entdecker der Kernspaltung, Nobelpreisträger und Ehrenbürger der Stadt Frankfurt«. Darunter handschriftlich die bronzene Formel: »92 Uran + Neutron = 56 Barium + 26 Krypton.« Die Kleinmarkthalle ist weniger abstrakt, sie ist vielmehr eine Offenbarung für jeden Gourmet und bietet an über 60 Ständen in verwirrender Vielfalt Köstlichkeiten aus aller Welt, ein internationaler Viktualienmarkt mit dennoch lokaler Note: »Und der ganze Hannelsstand frisst sei Wörschtsche aus der Hand«, dichtete schon Friedrich Stoltze, und der Spaziergänger kann es mit der heißen Rindswurst nachmachen, natürlich auch mit den weltberühmten »Frankfurter Würstchen«, die bekanntlich aus Neu-Isenburg kommen.

So gestärkt, verläßt der kulinarische Spaziergänger die Halle am anderen Ende zur Hasengasse, wendet sich nach links bis zur Töngesgasse, in deren Hausnummer 34-36 Friedrich Stoltze wohnt, im Museum. Hier hat ihm die Stadtsparkasse unter der Hausnummer 34-36 im historischen Innenhof einen mittelalterlichen Treppenturm hergerichtet, in dem man sich über den einmal mit Abstand populärsten Frankfurter eingehend informieren kann. Dann gehen wir zurück zur Hasengasse, die links zur Zeil führt – im Kopf vielleicht noch das Motto, das Friedrich Stoltze 1879 in seiner »Frankfurter Latern« zum gefälligen Gebrauch ausgegeben hat: »›Diesen Kuß der ganzen Welt!‹ ›Deutschland über Alles!‹ und ›Iwer Frankfurt geht nix!‹«

Dritter Spaziergang
Von der Hauptwache über die Freßgass zur Alten Oper, durchs Westend und über die Bockenheimer Warte zur Messe

An der Hauptwache – Biebergasse – Kalbächer Gasse (Freßgass) – Goethe-Passage – Zurück zur Freßgass – Kleine Hochstraße – Zurück zur Freßgass – Opernplatz – Reuterweg – Rothschildpark – Staufenstraße – Oberlindau – Grüneburgweg – Parkstraße – Fürstenbergerstraße – Bremer Straße – Zurück zur Fürstenbergerstraße – Grüneburgweg – Wolfsgangstraße – Zurück zum Grüneburgweg – Feldbergstraße – Myliusstraße – Kleine Wiesenau – Große Wiesenau – Bockenheimer Landstraße – Odina-Bott-Platz – Feuerbachstraße – Kettenhofweg – Lindenstraße – Bockenheimer Landstraße – Palmengarten – Bockenheimer Warte – Senckenberganlage – Robert-Mayer-Straße – Theodor-W.-Adorno-Platz – Georg-Voigt-Straße – Messe

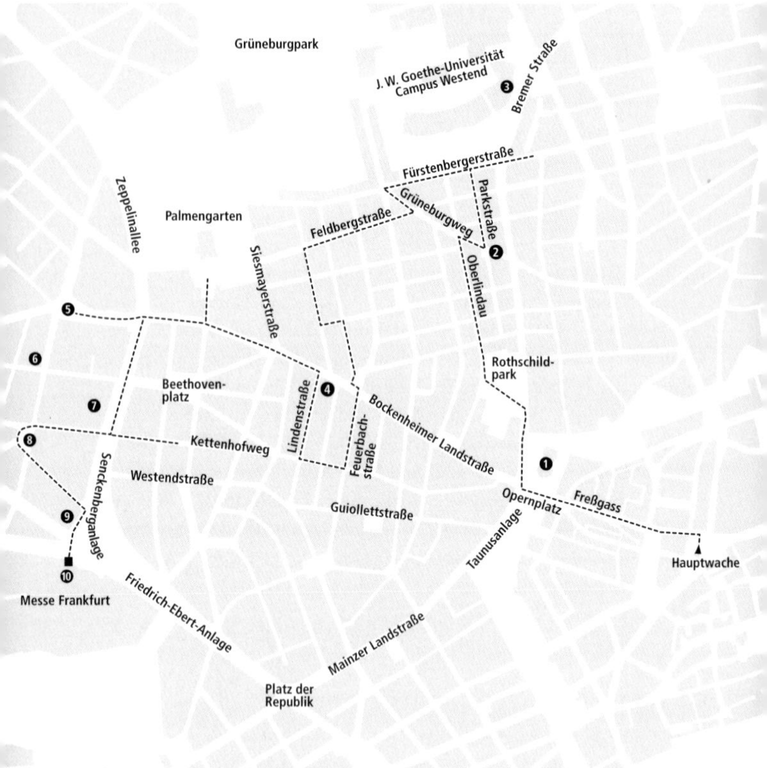

[1] Alte Oper [2] Autorenbuchhandlung [3] Ehemals IG-Farben-Hochhaus [4] Café Laumer [5] Bockenheimer Warte [6] J. W. Goethe-Universität [7] Senckenbergmuseum [8] Theodor-W.-Adorno-Denkmal [9] Marriott-Hotel [10] Festhalle und Messeturm

Wir beginnen die dritte Tour durch das kulturelle Frankfurt an der Hand eines struppigen Knaben, der wie kein anderer in seinem Alter auf der ganzen Welt für seine Unangepaßtheit berühmt ist. Franziska Lenz-Gerharz hat ihm 1985 vor dem U-Bahn-Krater an der Hauptwache, Ecke Schillerstraße/Biebergasse, einen fast drei Meter hohen Bronze-Brunnen gebaut, der auch all die andern Helden plastisch feiert, die im *Struwwelpeter* versammelt sind: Paulinchen mit den Katzen Minz und Maunz, Nikolas mit den schwarzen Buben, das Häschen und den wilden Jägersmann, den fliegenden Robert. Das ursprünglich nur für den privaten Gebrauch konzipierte, heute in den fremdesten Sprachen verbreitete Kinderbuch stammt von dem Frankfurter Arzt Dr. Heinrich Hoffmann. In einem Brief an die Zeitschrift *Gartenlaube* schildert er später, wie es dazu kam:

»Es war im Jahr 1844, das Weihnachtsfest nahte; ich hatte damals zwei Kinder, einen Sohn von dreieinhalb Jahren und ein Töchterchen von ein paar Tagen. Nun suchte ich für jenen ein Bilderbuch, wie es für einen solchen kleinen Weltbürger sich schicken mochte; aber alles, was ich da zu sehen bekam, sagte mir wenig zu. Endlich kam ich heim und brachte ein Heft mit, welches ich meiner Frau mit den Worten überreichte: ›Hier habe ich, was wir brauchen.‹ Verwundert öffnete sie die Blätter und sagte: ›Das ist ja ein leeres Schreibheft!‹, worauf sie die Antwort erhielt: ›Jawohl, aber da will ich dem Jungen schon selbst ein Bilderbuch herstellen!‹ ... Das Originalexemplar kam auf den Weihnachtstisch, mein Söhnchen hatte seine helle Freude daran. Nach einigen Tagen fand die Taufe des Mädchens statt, und da bekamen auch die eingeladenen Familienglieder des Vaters Wunderwerk zu sehen. Nun hieß es hier: ›Das mußt Du drucken lassen; das darf der Junge nicht, wie zu erwarten ist, in ein paar Tagen zerreißen.‹«

Weil der Vater dem Rat folgte, hat er heute kurioserweise seinen Platz eher in der Literatur- als in der Medizingeschichte – und ist in den meisten Sprachen bekannt wie kein zweiter Frankfurter. In den Kolonnaden der Kulturschirn hat man ihm sogar ein Museum eingerichtet, wo sein Wirken eindrucksvoll dokumentiert ist. Und wir haben auf unserer Wanderung einen Begleiter, der uns in den nächsten zwei Stunden nicht mehr von der Seite weicht, der uns aber jetzt noch einen Augenblick mit der Frage beschäftigt, warum ausgerechnet drei Bücher, in denen Kinder im Mittelpunkt stehen, mit Frankfurt so eng verbunden sind: Da ist das Tagebuch der Anne Frank nach ihrer Flucht; da ist die pädagogische Reimfibel vom Struwwelpeter, und da ist die Geschichte von – Heidi, Johanna Spyris Schweizer Naturkind, das nach Frankfurt zwangsverpflanzt wird und vor Heimweh einzugehen droht, in dem aber auch eine Rebellin steckt, das aus sich kein braves Mädchen machen lassen will. Drei in aller Welt verbreitete Bücher, die das Bild dieser Stadt ebenso geprägt haben wie Geld und Goethe. Warum nur?

Wir lassen die Frage offen, während wir am Ende der Biebergasse an der Ecke Börsenstraße zu dem Ort kommen, wo einmal Frankfurts erstes festes Theater stand. Das »Comödienhaus«, 1782 eingeweiht, bot zwei Jahre später schon in Anwesenheit des Dichters die Uraufführung von Schillers *Kabale und Liebe*, mit August Wilhelm Iffland in der Rolle des Kammerdieners. Der Mannheimer Starschauspieler gastierte häufig in Frankfurt; er genoß die Einladungen in der besten Gesellschaft der Stadt, und er ließ sich auf der Bühne feiern, wie es ihm gebührte. »Ich spielte gut«, schrieb er an seine Schwester Louise, »ward herausgerufen, wollte nicht kommen, mußte aber, denn der Lerm wurde zu groß.«

Auch Frau Rat Goethe gehörte zu seinem Fanclub. Sie hatte eine Art Stammplatzmiete im Komödienhaus; kaum eine Aufführung, die sie sich – und denen, die wiederum sie beobachteten – entgehen ließ. Bettina von Arnim beschreibt in ihrem Briefbuch *Die Günderode* einen wunderbaren Auftritt der Mutter bei einer Vorstellung der *Geschwister*, eines Einakters von ihrem Sohn: »Es war sehr leer wegen der Hitze, George war fortgegangen, die Frau Rat saß ganz allein auf meiner Seite, sie rief aufs Theater: ›Herr Verdy, spielen Sie nur tüchtig, ich bin da‹, es machte mich recht verlegen, hätte er geantwortet, so wär ein Gespräch draus geworden, in dem ich am Ende noch eine Rolle hätte übernehmen müssen. – Im Parterre saßen keine fünfzig Menschen, Verdy spielte recht gut, und die Rat klatschte bei jeder Szene, daß es widerhallte, Verdy verbeugte sich tief gegen sie, es war gar wunderlich, das leere Haus und die offenen Logentüren wegen der Hitze, durch die der Tag hereinschien, dann kam Zugwind und spielte mit den lumpigten Dekorationen, da rief die Goethe dem Verdy zu: ›Ah, das Windchen ist herrlich‹, und fächelte sich, es war doch grad, als spiele sie mit, und die zwei auf dem Theater, so gut als wären sie allein in vertraulich häuslichem Gespräch, dabei mußt ich an den größten Dichter denken, der nicht verschmähte, so prunklos seine tiefe Natur auszusprechen. – Ja, Du magst recht haben, es ist was Großes darin, und es ist schauerlich, und daher tragisch gewesen diese Leere, diese Stille, die offnen Türen, die einzige Mutter voll Ergötzen, als habe ihr der Sohn den Thron gebaut, auf dem sie weit erhaben über den Erdenstaub sich die Huldigung der Kunst gefallen läßt. – Sie spielten auch recht brav, ja begeistert, bloß wegen der Fr. Rat, sie weiß einem in Respekt zu setzen. Sie schrie auch am Ende ganz laut, sie bedanke sich und wolle es ihrem Sohn schreiben.«

Nicht nur Frau Aja, sondern die meisten der Frankfurter guten Bürger waren in den Jahrzehnten vor der Französischen Revolution offen für das neue Drama, dessen wichtigster Vertreter Schiller wurde. So bejubelte man Schiller nicht nur im Theater, sondern lud ihn ebenso in die »besten Häuser« der Stadt ein. »Viel in Gesellschaft« – so sein handschriftlicher Vermerk. Und natürlich bekam er – wenn auch eine Generation später – sein Denkmal, und wie Goethe wanderte auch Schiller durch die Stadt, stand zuerst (1859) als überlebensgroße Statue an der Hauptwache, mußte dann als Verkehrshindernis zum Goetheplatz ausweichen, wo er über die Jahre Goethe gegenüberstand, als hielten die beiden Zwiesprache. Nach dem Krieg wurden sie wieder getrennt – und der Spaziergänger wird dem Dichter von *Kabale und Liebe* auf unserem vierten Spaziergang in den Wallanlagen wieder begegnen.

Aus dem nur noch in Büchern und in der Phantasie vorhandenen Schauspielhaus der Vergangenheit führt nun die Kalbächer Gasse geradeaus ins Straßentheater der Gegenwart. Der alte Volksmund-Name »Freßgass« verrät, was es hier an Voll- und Feinkost zu erwerben gibt, diente die Straße einst doch vor allem der Versorgung der Villen im neuen Westend jenseits der Wallanlagen; heute ist sie ein Viktualienmarkt der Luxusklasse und mit vielen Cafés und Restaurants Frankfurts Flaniermeile par excellence, wo alerte Jung-Banker und gestylte Weiblichkeit die Szene bestimmen. Genau hier auf der rechten Seite unter der Hausnummer 6-10 stand auch das Geburtshaus von Heinrich Hoffmann, das man 1984 mit einem schwarzen Gedenkstein markierte. Zu Recht, denn er war nicht nur ein menschenfreundlicher »Irrenarzt« und Dichter des Struwwelpeter und vieler anderer Schriften, er gründete auch den »Verein zum Schutze der Tiere« und saß als aufrechter Demokrat im Vorparlament der Paulskirche.

Schräg gegenüber, wo sich die Freßgass mit der Großen Bockenheimer Straße vereinigt, logierte im Jahr 1834, als die Straße noch Gasse hieß, ein paar Wochen lang der Dramatiker und Bürgerschreck Christian Dietrich Grabbe im Haus Nr. 25, bis er sich sogar mit seinem Freund und Verleger Kettembeil verfeindete. Einen phantastischen Eindruck von der alten Freßgass vermittelt immerhin E. T. A. Hoffmann mit seinem berühmten Märchen vom *Meister Floh*, in dem der Kaufmannssohn Peregrinus Tyß von den tollsten Ereignissen überrollt wird, als er, wie jedes Jahr, am Weihnachtsabend durch die Stadt zieht, um bedürftige Familien zu beschenken. »Diesmal war die Bescherung den Kindern eines armen Buchbinders bestimmt, namens Lämmerhirt, der, ein geschickter fleißiger Mann, für Herrn Peregrinus seit einiger Zeit arbeitete und dessen drei muntre Knaben von fünf bis neun Jahren Herr Peregrinus kannte. Der Buchbinder Lämmerhirt wohnte in dem höchsten Stock eines engen Hauses in der Kalbächer Gasse, und pfiff und tobte nun der Wintersturm, regnete und schneite es wild durcheinander, so kann man denken, daß Herr Peregrinus nicht ohne große Beschwerde zu seinem Ziel gelangte. Aus Lämmerhirts Fenstern blinkten ein paar ärmliche Lichterchen herab, mühsam erkletterte Peregrinus die steile Treppe. ›Aufgemacht‹, rief er, indem er an die Stubentüre pochte, ›aufgemacht, aufgemacht, der Heilige Christ schickt frommen Kindern seine Gaben!‹«

Wir könnten jetzt rechts die Kaiserhofstraße hinaufgehen, zum Schauplatz von Valentin Sengers Buch *Kaiserhofstraße 12*, das seine Verfolgung und sein Überleben in Nazideutschland schildert; das Haus mußte aber inzwischen einem Parkhaus weichen. Auch Rochus Kowalleks legendäre Galerie »dato«, die vor allem die Zero-Künstler (Lucio Fontana, Heinz Mack, Otto Piene, Günther Uecker und nicht zuletzt den Frankfurter Hermann Göpfert) bekannt machte, ist nicht mehr. Und am Ende der kleinen Straße, links um die Ecke in die Hochstraße ziert das Haus Nr. 45 nur noch eine Gemeinschafts-Gedenktafel für Otto von Bismarck und – Heinrich Hoffmann. Der preußische Gesandte beim Deutschen Bundestag wohnte hier nur für ein paar Monate im zweiten Stock, ehe er im Oktober 1851 mit der jungen Familie auf die Bockenheimer Chaussee zog. Hoffmann aber nahm im selben Jahr für längere Zeit im dritten Stock Quartier. Er hatte nun die Stelle des Arztes an der »Anstalt für Irre und Epileptische« bekommen, verdiente jährlich sechshundert Gulden und konnte es sich also leisten, seine jüngst entdeckte dichterische Ader weiter zu pflegen. Als Pseudonym diente ihm dabei gelegentlich: »Peter Struwwel«.

Wir bleiben aber auf der Freßgass und finden 100 Meter weiter links wie rechts zwei Institutionen, die in der Kulturgeschichte der Stadt nach dem Krieg eine wichtige Rolle gespielt haben. Links gehen wir durch die Goethe-Passage (Haus Nr. 33-35) und könnten dann, falls geöffnet, gleich rechts in der Kleinen Bockenheimer Nr. 18 in die Tiefe steigen, wo bereits in den frühen Fünfzigern ein Kulturredakteur des Hessischen Rundfunks, nämlich Alfred Andersch, öfter mit Ingeborg Bachmann in den Jazzkeller hinabgestiegen sein soll. Bereits seit 1951 gibt es das einst existentialistisch angehauchte »Domicile du Jazz«, den ersten Jazzclub im Nachkriegsdeutschland. Hier spielten die wichtigsten Musiker, denen Frankfurt seinen Ruf als Hauptstadt des Jazz verdankt, u. a. Heinz Sauer, Volker Kriegel, Horst Lippmann, Joki Freund, Emil und Albert Mangelsdorff; hier wirkten, nicht zu vergessen, die Impresarios Carlo Bohländer und Fritz Rau. Und seit 1953 gibt es in Frankfurt das älteste Jazzfestival der Welt, Amerika eingeschlossen. Warum das alles ausgerechnet in Frankfurt? Weil es in der »amerikanischsten« Stadt Deutschlands schon früh eine sich abgrenzende antibürgerliche Subkultur gab, beeinflußt durch die amerikanische Popularkultur, und im Laufe der Zeit eine zunehmend intellektuell-oppositionelle Atmosphäre, die sich im neuen Jazz und nicht zuletzt in der Studentenbewegung artikulierte.

Wieder zurück in die Freßgass, müssen wir uns nur auf die andere Seite der Straße begeben und in die Kleine Hochstraße, um die zweite aufmüpfige Institution Frankfurts kennenzulernen, den berühmt-berüchtigten Club Voltaire. Hier, in diesem Zentrum der außerparlamentarischen Opposition der sechziger Jahre, gingen sie alle ein und aus, die Dichter und Trinker, die Denker und Hascher und überhaupt alle Weltveränderer. Der Club Voltaire war Zuflucht und Ausflucht der Unruhigen. Inzwischen ist es ruhiger geworden in dem alten, schiefen Häuschen, um so größer aber ist der Kontrast zur mondänen Welt vor der Haustür. Aber der Spaziergänger wird es bereits gemerkt haben: diese Stadt lebt von den Kontrasten – das Nichtvereinbare hebt die Lebensgeister.

Spätklassizistischer Musiktempel: die Alte Oper

Wenn wir jetzt die Freßgass zu Ende gehen und die Hochstraße überqueren, erreichen wir Frankfurts schönsten Platz, den vor der Alten Oper. Nur für die Dauer eines Menschenlebens konnte das Frankfurter Opernhaus »Dem Wahren Schönen Guten« dienen, ehe es 1944 abbrannte. Das fünfzig Zentimeter hohe Goethesche Widmungsmotto hat in der Kaufmannsstadt im Volksmund manche bezeichnende Variante gezeitigt, mal hieß es »Den schönen guten Waren«, dann auch »Dem wahren schönen Juden«. Geblieben waren sechs Kandelaber vor dem Eingang, das ausgebrannte Gemäuer und die imponierende Fassade – Deutschlands prachtvollste Ruine. Natürlich gab es beim schnellen Wiederaufbau der Stadt auch Pläne, die Ruine zu sprengen – ein Oberbürgermeister ging mit dem Spitznamen »Dynamit-Rudi« in die Geschichte ein –, aber schließlich setzten sich der feste Wille und die Spenden einer Bürgerinitiative durch, die ganze Herrlichkeit wiederherzurichten. Bürgersinn hatten die Frankfurter ja schon bei der Gründung des prächtigen Musiktempels bewiesen, als sie 1,5 Millionen Goldmark sammelten, ein Viertel der reinen Baukosten – was den Spendern 99 Jahre Sitzrecht in den eigenen Logen einbrachte! Hundert Jahre später, seit Goethes Geburtstag 1981, strahlt das neue Konzert- und Kongreßhaus nun fast wieder im alten Glanz, sogar mit einem von Panthern gezogenen Kampfwagen einer siegreichen Muse, die vom Giebel des alten Schauspielhauses auf den Operngiebel umziehen mußte. Und lebte Kaiser Wilhelm noch, dann müßte er heute wie damals sagen, als er und Mozart das stolze Gebäude am 20. Oktober 1880 einweihten: »Das könnte ich mir in Berlin nicht erlauben.«

Seit 1981 ist die Alte Oper ein Musikzentrum Deutschlands, hier spielen die großen internationalen Orchester und Solisten, die einheimischen der Museumsgesellschaft und des Hessischen Rundfunks. Für das 1980 gegründete und weltweit renommierte »Ensemble Modern« gibt es sogar eine eigene Abonnement-Reihe. Dieses einzigartige führende Ensemble für Neue Musik ist basisgewordene Zusammenarbeit mit Heiner Goebbels, Frank Zappa, Bill Viola oder Steve Reich. Zu Saisonbeginn veranstaltet die Alte Oper in jedem Jahr das »Auftakt-Festival« mit Komponisten- und Interpreten-Portraits, aber sie öffnet sich auch dem gesellschaftlichen Leben der Stadt, mit dem Deutschen Opernball und hochkarätigen Tagungen. Ein repräsentativer Ort für alle Arten der Selbstdarstellung.

Der weite Platz davor, mit seinen Bistros und Cafés und den vielen Freiplätzchen rund um die klassische Fontäne, gilt als Treffpunkt für etwas, das es gar nicht gibt, ein Phantom vor der Oper: die Frankfurter Gesellschaft. Wir lassen uns aber hier trotz aller Verlockungen nicht festhalten, sondern marschieren an der linken Seite der Alten Oper bis zur Kreuzung mit dem Reuterweg, überqueren diesen und gelangen in den alten Park der Rothschilds, die hier ein ansehnliches Palais mit der Front zur Bockenheimer Landstraße besaßen, dessen Ruinen in den sechziger Jahren dem später denkmalgeschützten ersten Frankfurter Hochhaus, dem Zürich-Haus, weichen mußten, welches dreißig Jahre später zugunsten eines höheren ebenfalls abgerissen wurde. Unser Stadtchronist Martin Mosebach sieht darin geradezu ein System: »Ein Meisterwerk ist der Turm wahrlich nicht gewesen, aber es wurde plötzlich vielen Leuten klar, daß es in dieser Stadt niemals zu einer Verfestigung ihres Erscheinungsbildes kommen sollte. Das Bauen von Schund offenbarte seine eigentliche Raison, nämlich alles jederzeit und reuelos wieder wegreißen und neu disponieren zu können, den öffentlichen Raum als stets verfügbare Handelsware für die gewinnträchtige Produktion von architektonischen Wegwerfartikeln bereitzuhalten.«

Wir aber lassen den Ort unablässigen Wandels links liegen – Schauplatz übrigens von Martin Mosebachs *Westend*-Roman –, gehen an Georg Kolbes etwas faschistisch anmutenden Nackten im *Ring der Statuen* vorbei und erreichen an der anderen Seite des Parks die Oberlindau, wo an der Ecke zur Staufenstraße die längst zu Museumsehren gekommene Fotografin Abisag Tüllmann lebte, die mit ihren Frankfurter Kolleginnen Mara Eggert und Barbara Klemm eine Trias deutscher Fotokunst bildet.

In der Oberlindau 107 schrieb Wolf Wondratschek sein erstes Buch mit dem sprichwörtlich gewordenen Titel *Früher begann der Tag mit einer Schußwunde*. Mit dem darin enthaltenen Text *Oberlindau 107* evoziert Wondratschek das Haus, in dem er damals wohnte: »Das Haus ist ziemlich baufällig. In diesem Haus singen die Beatles lauter als sonst. Der Hauseigentümer läßt sich nur selten sehen. Er verdient gut. Es könnte nicht schlimmer kommen, wenn alle Bewohner dieses Hauses plötzlich türkisch oder italienisch sprächen ... Dieses Haus hat kein System. Manchmal habe ich das Gefühl, als ginge in diesem Haus viel kaputt. Ich wohne gern in so einem Haus. Das Stadtbild von Frankfurt steht auf dem Spiel. Oberlindau 107 ist ein Eigentor. Im Treppenhaus brennt Tag und Nacht Licht. Es ist ganz sicher ein Zufall. In diesem Haus wohnt keine Familie. Es wundert mich nicht.« Kurze Sätze über die allmähliche Zerstörung des Westends, in dem Wondratschek von 1965 bis 1972 lebte.

Rechts der Oberlindau gibt es die Parallele der Telemannstraße, die uns jedoch, ohne genauen historischen Ortsbe-

JOHANN WOLFGANG

Das Poelzig-Haus der IG-Farben:
heute die Johann Wolfgang Goethe-Universität

zug, nur zur Erinnerung an den Begründer des Frankfurter Konzertlebens dient. Georg Philipp Telemann kam 1712 als städtischer Kirchenmusikdirektor in die Stadt am Main. Für die Barfüßerkirche hatte er jeden Sonntag eine Kantate zu schreiben, er komponierte die Musik für die städtischen und kirchlichen Feste und leitete die Kirchenmusik in St. Katharinen. 1714 heiratete er die Tochter des Kornschreibers, die ihm zehn Kinder gebar, und als er die Stadt nach einem knappen Jahrzehnt wieder verließ, behielt er das Bürgerrecht – wofür er alle drei Jahre einen neuen Kantatenzyklus nach Frankfurt schickte. »Schicket Euch in die Zeit« heißt eins der vielen Auftragswerke, die Telemann in dieser Stadt geschrieben und aufgeführt hat.

Wir folgen dem Aufruf und gehen die Oberlindau weiter, vorbei am Haus Nr. 63, wo das absurd-komische Universum des Zeichners und Theatermärchen-Erzählers F. K. Waechter entstanden ist, und erreichen den Grüneburgweg, inzwischen überregional bekannt als Revier von Herrn Paul, dem Kater in Volker Reiches FAZ-Comic *Strizz*. Von hier aus kommen wir rechts einbiegend zu der für die Literatur und Wissenschaft in Frankfurt wichtige Autorenbuchhandlung, in der wir Franz Mon begegnen könnten, einem der Erfinder der »konkreten Poesie«, oder der Schriftstellerin der Erinnerungen, Ulrike Kolb. Die Buchhandlung hat inzwischen mit der Bockenheimer Karl-Marx-Buchhandlung fusioniert, die 1976 von Joschka Fischer, Daniel Cohn-Bendit und anderen gegründet wurde. Von dieser Ecke gehen wir die kleine Parkstraße bis zur Fürstenbergerstraße – und vor uns liegt das riesige ehemalige IG-Farben-Gebäude, das der Berliner Architekt Hans Poelzig Ende der zwanziger Jahre als größtes Bürogebäude Europas für den Chemietrust gebaut hat. Wir interessieren uns aber zunächst für das Lessing-Gymnasium, das vordem einmal »Städtische Lateinschule« hieß und dessen Neubau rechts an der Bremer Straße steht, und dort steht nicht nur überlebensgroß der Namenspatron der Schule, sondern auch – mit lädierter Nase – der deutsche Reformator Philipp Melanchthon. Der war ein enger Vertrauter Martin Luthers, ein gesuchter Gesprächspartner für die protestantisch beflügelten Patrizier der Stadt. Und ein Mann des vernünftigen Ausgleichs. Als die aus dem Dom verdrängten Katholiken sich beim Reichskammergericht beschwerten, riet er dem Rat, die Kirche zurückzugeben. Melanchthons Standbild vor dem humanistischen Gymnasium repräsentiert also den ganzen »Praeceptor Germaniae«, nicht nur den Organisator des Lateinschulwesens in den reformierten deutschen Ländern. Für den engeren Sprachunterricht war an dieser Schule später (1926-1960) sowieso eine eigene Kapazität zuständig: Eduard Bornemann, nach dessen *Lateinischem Unterrichtswerk* sich Generationen von Gymnasiasten quälten. Immerhin, er hinterließ auch etwas fürs kindliche Gemüt, ein Buch, das wir gerade auf unserer dritten Tour besonders gierig zur Hand nehmen. Es heißt *Petrulus hirrutus* und ist die lateinische Übersetzung unseres bewährten Wegbegleiters *Struwwelpeter*.

Zurück zum Gebäude der ehemaligen IG-Farben: 250 Meter lang ist die Front, 2500 Angestellte hatten auf sieben Stockwerken Platz; die Amerikaner benutzten das stattliche Bauwerk nach dem Krieg als Hauptquartier, in dem es heute immer noch einen Eisenhower-Saal zu besichtigen gibt. In den mustergültig renovierten Bau – sehenswert das Foyer, die Rotunde und das Casino auf der Rückseite – ist inzwischen die Johann Wolfgang Goethe-Universität eingezogen, die hier im Laufe des Jahrzehnts eine neue Campus-

Hans Thoma, Die Oed. Holzhausenpark und -schlößchen

Uni errichtet. Vor gut hundert Jahren freilich war das noch das Affensteiner Feld, auf dem die damals vorbildliche neue »Irren-Anstalt« stand, die – schon selbstverständlich auf diesem Spaziergang – unser *Struwwelpeter*-Hoffmann von 1864 bis zu seiner Pensionierung 1888 leitete. Er hatte es nicht weit zu seinen Patienten. An der nächsten Ecke, wo die Fürstenbergerstraße auf den Grüneburgweg trifft, steht noch heute das Haus Nr. 95, in dem der dichtende Arzt bis zu seinem Tod im Jahr 1894 wohnte. In der »Städtischen Anstalt für Irre und Epileptische« arbeitete übrigens von 1888 bis 1902 auch der Nervenarzt Dr. Alois Alzheimer, der um die Jahrhundertwende eine Patientin namens Auguste Deter behandelte, die sehr vergeßlich war und von sich sagte, daß sie »sich selbst verloren habe«. Alzheimer untersuchte ihre besondere Form der Vergeßlichkeit und nannte ihr Leiden »die Krankheit des Vergessens«. Heute ist sie als »Alzheimersche Krankheit« bekannt.

Die zartgrün gestrichene Bürgervilla, in der unser *Struwwelpeter*-Hoffmann wohnte, zeigt sogar noch einen zweiten Künstlerkopf auf der Gedenktafel: Engelbert Humperdinck, der an Dr. Hoch's Konservatorium lehrte und in Frankfurt seine Märchenoper *Hänsel und Gretel* schrieb. Am Grüneburgweg lebte er drei Jahre lang mit Hoffmann unter einem Dach; sein zweites Bühnenwerk *Die Königskinder* entstand in diesem Haus.

Zu Gast war hier auch oft der Maler Hans Thoma, der gleich um die Ecke wohnte. Wenn wir das neue Glashochhaus gegenüber der grünen Hoffmann-Humperdinck-Villa halb umkreisen und links in die Wolfgangstraße einbiegen, dann stehen wir schon nach wenigen Schritten vor dem hübsch geschmückten Häuschen Nr. 150, in dem, wie eine Erinnerungstafel anzeigt, der Landschafts- und

Porträtkünstler dreizehn Jahre lang, bis 1899, lebte. Vorher wohnte er in der Lersnerstraße Nr. 20, von der aus er seiner Mutter in den Schwarzwald schrieb: »Ich habe eine wunderbare Aussicht!« Er meinte jenen Blick, der später zu dem bekannten und geliebten Bild *Die Oed* wurde, das Bild vom Holzhausenpark mit den Blumen und dem aufgeschlagenen Buch im Fenstersims, heute im Städel.

Nun gehen wir aber schnurstracks wieder zurück zum Grüneburgweg, begegnen vielleicht dem Lyriker Gerald Zschorsch, der, 1974 als politischer Häftling der DDR von der Bundesrepublik freigekauft, heute in der nahen Unterlindau wohnt, und finden – während wir unseren Spaziergang geradeaus durch die Feldbergstraße fortsetzen – hier wie in den angrenzenden Straßen des architektonisch arg zerzausten Westends doch auch noch die eine oder andere von Krieg und Spekulation gerettete oder wiederhergestellte Villa aus dem 19. Jahrhundert, deren Fassade von einem ehemals wunderbaren Wohngebiet erzählt. »Es scheint«, schrieb der einst geschätzte Erzähler und Kritiker Erich Pfeiffer Belli, »der Frankfurter habe damals in echter Harmonie mit sich selbst gelebt, er baute seine Wohnhäuser in Gärten, ließ das ›Comptoir‹ in der engeren Altstadt und erzielte dadurch jenes dauernde Fluidum von besinnlichem Gartenleben und heiterer Ferienwelt nahe beim Wohnhaus, das die Gebäude umwebt.« Davon ist heute an schönen Tagen nur noch eine Ahnung geblieben.

Nach der Liebigstraße, wo Dr. Alzheimer unter der Hausnummer 51-53 wohnte, überqueren wir auch die Freiherr-vom-Stein-Straße, in der sich die monumentale, leicht orientalisch beeinflußte Synagoge befindet, die als einzige dem Pogrom des 9. November 1938 entgangen ist, und überqueren dann die Wiesenau. Dort verharren wir kurz an der

Ecke Myliusstraße Nr. 48, wo der Schweizer Schriftsteller Urs Widmer, der 1967 nach Frankfurt kam und dort 17 Jahre lange blieb, zuletzt wohnte, und biegen dann links in die Myliusstraße ein, wo alsbald auf der linken Seite die hübsch originalnah restaurierte Doppelhaushälfte Nr. 32 zum Gedenken einlädt. Hier lebte, lang nach dem Tod ihres Mannes, die Witwe Clara Schumann seit dem Jahre 1878, als sie zur ersten Klavierlehrerin am Hoch'schen Konservatorium berufen worden war. Sehr glücklich scheint die – noch zu ihrem sechzigsten Künstlerjubiläum im Jahr 1888 im Rahmen eines Festkonzerts der Frankfurter Museumsgesellschaft gefeierte – Pianistin im Alter nicht gewesen zu sein. »Wie drängt sich mir wieder jetzt so oft der Gedanke auf, daß ich, noch zu Lebzeiten, vergessen werde«, schrieb sie in der Myliusstraße am 10. Februar 1893 ins Tagebuch. »Die junge Generation weiß schon nichts mehr und – belächelt mitleidig das Vergangene.« Zur allgemeinen Wehmut der späten Jahre kommt in ihrem Fall natürlich ein besonderer Schmerz, nämlich der einer noch lange nicht anerkannten Komponistin: »Ich tröste mich immer damit, daß ich ja ein Frauenzimmer bin, und die sind eben nicht zum Komponieren geboren.« Die langen Tage der alten Dame im Westend schildert ausführlich ihr Enkel Ferdinand in seinen Erinnerungen – auch ihren Abscheu vor den zeitgenössischen Opernkomponisten, mögen sie Meyerbeer, Verdi oder gar Wagner heißen. Sie liebte das Regelmäßige. »Um 2 Uhr Mittagessen. Um 3 Uhr geht die Großmutter zum Tee, der in ihrem Zimmer eingenommen wird«, schreibt der Enkel. »Zum Tee liebt sie Friedrichsdorfer Zwieback, Kuchen ißt sie selten.«

Ebenfalls in der Myliusstraße, im blau verkachelten Haus Nr. 20, findet sich ein bedeutendes Forschungsinstitut für

Psychoanalyse, das 1960 von Alexander Mitscherlich gegründete und später von Horst-Eberhard Richter weitergeführte Sigmund-Freud-Institut. Freuds Tochter Anna schrieb zur Eröffnung des Instituts von dem Beginn einer »new psychoanalytic era in Germany« – so sollte es werden. Das SFI hatte Ende der zwanziger Jahre einen Vorläufer in dem von Karl Landauer, Erich Fromm u. a. gegründeten Frankfurter Psychoanalytischen Institut, das von den Nazis 1933 aufgelöst wurde. Am heutigen Institut erinnert eine Gedenktafel an Karl Landauer, der im KZ Bergen-Belsen »ums Leben gebracht wurde«. Erich Fromms Geburtshaus steht in der Liebigstraße 12. Die Psychoanalyse hat in Frankfurt eine große Tradition; Mitscherlich sprach von Frankfurt als einem »Ort einzigartiger Bewußtseinsbildung«, bei der in hohem Maße jüdische Wissenschaftler beteiligt waren. Die älteste Zeugin ist wohl Berta Pappenheim, die als Sigmund Freuds berühmte »Anna O.« in die Geschichte der Psychoanalyse einging. 1889 übersiedelte sie nach Frankfurt, wo sie zu einer der bedeutendsten jüdischen Figuren im Sozialwesen und der Frauenbewegung wird. Zuletzt wohnte sie in der Feldbergstraße 23, wo keine Gedenktafel von ihr Kunde gibt.

Eine andere ältere Bewohnerin des Westends wollen wir noch besuchen. Sie lebte ein Jahrhundert nach Clara Schumann hier in der Gegend, deren Aushöhlung und Niedergang in den sechziger Jahren sie traurig und grimmig beschrieb. Wir biegen am SFI nach links in die Kleine, dann gleich rechts in die Große Wiesenau, wo auf der linken Seite in einem glanzlosen Häuserblock unter der Nummer 8 Marie Luise Kaschnitz wohnte, ein paar Jahrzehnte lang, bis 1974. Ihre Aufzeichnungen *Tage, Tage, Jahre* beginnen an einem 22. Februar: »Eben, um zehn Minuten nach acht

Uhr abends habe ich die Zeitung weggelegt, es war da auf der dritten Seite von einem Pilzhaus die Rede, keine international wichtige, vielmehr eine städtische Angelegenheit, aber für mich wichtig, ein Stoß, der vieles in Bewegung brachte, eine Warnung, ein Signal. Das Pilzhaus sollte vierzig Stockwerke hoch werden, es sollte in der Nähe meiner Wohnung stehen. Ich konnte mir unter einem Pilzhaus nichts vorstellen, es gibt so viele verschiedene Arten von Pilzen, Lamellenpilze und Röhrenpilze, solche die einen Hut oder gar einen Schirm bilden und andere, die sich nach oben öffnen, eine Trompete, eine Totentrompete, oder die alten Pfifferlinge mit ihrem von Tannennadeln bedeckten verfaulten Dach. Ich sah also alle diese Pilze, aber auch schon Häuser, die unten schmal waren, auf Stelzfüßen standen und sich oben verdickten, einen Hut ansetzten, der auf alle umliegenden Gebäude einen mächtigen Schatten warf.«

Die Vision der Dichterin hat sich fast erfüllt. Ein paar Meter weiter stehen wir an der Bockenheimer Landstraße: Wo früher einmal eine prächtige Allee war, die aus der Stadt heraus zu dem Dorf Bockenheim führte, eine ungepflasterte Landstraße mit noch jungen Kastanien, für Reiter und Kutschen, wo sich später die besseren Herrschaften in ihren Landhäusern niederließen, sehen wir uns heute umstellt von Banken, Versicherungen, Anwaltskanzleien und Sparkassenpilzen. Die Kastanien gibt es auch heute noch, machen aber kaum die baulichen Verluste der Straße, des ganzen Viertels, vergessen. Es ist das Viertel des bundesweit berühmt-berüchtigten »Häuser-Kampfes« in den sechziger und frühen siebziger Jahren, als sich die Bewohner gegen die Vertreibung aus ihren mehr oder weniger intakten Villen und Altbauwohnungen zur Wehr zu setzen begannen. Es war die Zeit der »Hausbesetzungen«, als Bewohner und Studenten die Häuser, die zu städtisch geduldeten, wenn nicht gar geförderten Spekulationsobjekten geworden waren, vor dem Abriß zu bewahren suchten. Und es war die Zeit, in der Alexander Mitscherlichs Buch von der »Unwirtlichkeit der Städte« seine Wirkung zu entfalten begann. Der Kampf um das Westend ist eng verbunden mit dem radikalen gesellschaftspolitischen Denken der 68er-Bewegung: Wissenschaftler und Künstler engagierten sich in einem bisher nicht bekannten Ausmaß. Auch die Theaterleute fühlten sich schon von Berufs wegen zur Einmischung verpflichtet. Heraus kam ein Theaterstück und ein Skandal, der die Stadt und die gesamte Republik erschütterte. Rainer Werner Fassbinder, damals für eine Spielzeit Direktor des Theaters am Turm (TAT), hatte 1975 das Stück *Der Müll, die Stadt und der Tod* geschrieben, ein Stück über Bauspekulation und Korruption, in dem ein vom Milieu so genannter »Reicher Jude« die drekkige Arbeit des Kapitals und der Stadtpolitik verrichtet:

»Ich kaufe alte Häuser in dieser Stadt, reiße sie ab, baue neue, die verkaufe ich gut. Die Stadt schützt mich, das muß sie. Zudem bin ich Jude. Der Bürgermeister lädt mich gern ein, auf die Stadtverordneten kann ich zählen. Gewiß – keiner schätzt das besonders, was er da zuläßt, aber der Plan ist nicht meiner, der war da, ehe ich kam. Es muß mir egal sein, ob Kinder weinen, ob Alte, Gebrechliche leiden. Es muß mir egal sein. Was soll ich auch sonst ... Soll meine Seele geradestehen für die Beschlüsse anderer, die ich nur ausführe mit dem Profit, den ich brauche, um mir leisten zu können, was ich brauche ... Die Stadt braucht den skrupellosen Geschäftsmann, der es ihr ermöglicht, sich zu verändern.« Heiner Müller, an einer der späteren

Uraufführungsversuche beteiligt, schrieb über das Stück: »Es beschreibt in großen grellen Bildern am Beispiel der Rache eines Opfers die Verwüstung einer Stadt. Die Stadt heißt Frankfurt. Das Instrument der Rache ist die Grundstücksspekulation mit ihren Folgen. Die Pervertierung menschlicher Beziehungen durch ihren Warencharakter belegt die biblische Weisheit, daß der erste Brudermörder, Kain, der erste Städtebauer war.« Am 31. 10. 1985, drei Jahre nach Fassbinders Tod, kam es mit dem Versuch, das Stück am städtischen Schauspiel uraufzuführen, zu einem der größten Theaterskandale der Nachkriegszeit. Als der Vorhang aufging, besetzten jüdische Demonstranten die Bühne und verhinderten die Aufführung. Wochenlang erregten die Debatten um den angeblichen Antisemitismus des Stückes die Öffentlichkeit. Es hat in Deutschland seither niemand mehr gewagt, es aufzuführen, es scheint ein Seismograph zu sein, der unerwünschte untergründige Bewegungen in diesem Land aufzeichnet. Nicht zufällig in Frankfurt.

Nicht zufällig in Frankfurt und wohl auch nicht zufällig in den Straßen, die wir durchstreifen, entstanden in den sechziger Jahren kleine, unabhängige, meist selbstverwaltete und mehr oder weniger linke Verlage wie Athenäum, Syndikat, der Verlag Neue Kritik, K. D. Wolffs Verlag Roter Stern (später Stroemfeld), Jörg Schröders März Verlag, der Verlag der Autoren; Theodor W. Adornos Verlag Suhrkamp arbeitete im Grüneburgweg, S. Fischer, der Verlag von Max Horkheimer und Sigmund Freud, am Rande des Westends, in der Mainzer Landstraße nahe am Opernplatz. Daneben noch die eher konservativeren Verlage Insel und Vittorio Klostermann.

Ein geselliges Zentrum aller war das legendäre und in-

Treffpunkt der Intellektuellen: das Café Laumer

zwischen denkmalgeschützte Café Laumer, wo sich schon in den zwanziger Jahren das sogenannte »Kränzchen« der Philosophen und Soziologen aus dem Institut für Sozialforschung traf, Karl Mannheim, Adorno und Horkheimer, Leo Löwenthal, Paul Tillich. Erst recht dann in den sechziger Jahren, wo das Laumer nicht nur das Café von Adorno, Horkheimer, Habermas samt jeweiligem Anhang war, sondern »die gute Stube« aller Autoren und Verlagsmenschen des Viertels: Alexander Kluge, die Kaschnitz, Horst Krüger, Ursula Krechel, Horst Bingel, Ernst Herhaus, die Suhrkamp-Lektoren Walter Boehlich, Karl Markus Michel und Urs Widmer, Hellmut Freund und Rudolf Hirsch, der Herausgeber der *Neuen Rundschau*, von S. Fischer, Alexander Mitscherlich und seine Frau Margarete, die Psychoanalytikerin und Grande Dame der Frauenbewegung, Robert Gernhardt und F. K. Waechter – um nur ein paar wenige zu nennen. Zum Laumer kommen wir, wenn wir auf der linken Seite der Allee bis zur Ecke Brentanostraße weitergehen. Das Café empfiehlt sich dem Spaziergänger ganz von selbst; wir empfehlen bei geeignetem Wetter auch den ruhigen Garten.

Der kleine Platz um die U-Bahn-Station Westend ist heute nach Odina Bott benannt, einem Gründungsmitglied der Aktionsgemeinschaft Westend, die im »Häuserkampf« der siebziger Jahre eine große Rolle spielte. Literarische Niederschläge dieser Zeit gibt es in Texten von Horst Karasek und Helga M. Novak, von Jörg Fauser und Gerhard Zwerenz. Und Alexander Kluges Film *In Gefahr und größter Not bringt der Mittelweg den Tod* ist hier gedreht worden. Aber auch in früheren Zeiten war dies ein literarischer Ort. So schrieb dort 1912 in der Bockenheimer Landstraße 83 der französische Generalkonsul Paul Claudel sein frühes

Drama *Mariä Verkündigung.* Und noch früher besaß der Bankier Jakob Friedrich Gontard an der Ecke Freiherr-vom-Stein-Straße ein von dem französischen Architekten Salins de Montfort entworfenes Palais, von dessen vom Krieg übriggelassenen Außenmauern keinerlei Spuren mehr vorhanden sind. »A Francefort, tout le monde parle français et s'appelle Gontard«, übertrieb Madame de Staël, was jedoch die Bedeutung der Gontards in Frankfurt gut illustriert.

Weil Gontards schöne Frau Susette und der junge Hauslehrer Friedrich Hölderlin, wie wir wissen, in schwärmerischer Liebe einander zugetan waren und die Gattin als Diotima vor allem im *Hyperion*-Roman fortlebt, richtete eine Versicherungsgesellschaft vor dem riesigen Tritonhaus Bockenheimer Landstraße 42 eine Gedenkstätte ein. Sie besteht aus einer großzügig angelegten Exedra im kleinen Park gegenüber dem Hochhauseingang, einem überlebensgroßen nackten Mann aus Bronze und den geheimnisvoll falsch gegliederten Zeilen: »Doch uns ist gegeben auf keiner Stelle / zu ruhen – es fallen die leidenden Menschen / Blindlings von einer Stunde zur anderen wie Wasser von Klippe zu Klippe geworfen / Jahre lang ins Ungewisse hinab.« Eine Gedenkstätte für Eingeweihte, kein namentlicher Hinweis auf den Dichter.

Wem der hohe Ton zu anstrengend ist, der braucht nur zur anderen Seite des Platzes zu gehen, wo ein betont »originales« Steak House steht. Da war vordem ein chinesisches Restaurant mit dem schönen Namen »Schneegarten«, davor ein in den fünfziger Jahren hochmodernes Restaurant, das »Schultheiß im Westend« – und lang davor eine Villa aus dem 18. Jahrhundert, die Villa des Bankiers Johann Daniel Heinrich Kessler, die den Krieg unversehrt überstanden hatte, aber nicht mehr den Frieden. Eine Sandsteinpumpe allein zeugt noch von dem klassizistischen Anwesen. Auch dieser Bankier hatte eine charmante Frau, Johanna, und einen jungen Hauslehrer, Otto Busch. Aber hier gab es keine Liebestragödie, sondern nur gelegentliche Verstimmungen, die sich am Ende in scherzhaften Versen auflösten. Denn der Künstler als möglicher Liebhaber, der vor allem in den Jahren 1869 bis 1873 bei der Familie Kessler wohnte, war Ottos älterer Bruder: Wilhelm Busch aus Wiedensahl. Und der richtete sein Augenmerk nicht nur auf die ambitionierte Hausfrau, die aus dem komischen Künstler gerne einen richtigen Kunstmaler gemacht hätte, sondern zum Beispiel auch auf deren Dienstmädchen, das dann als *Fromme Helene* 1872 in die Literatur einging und dabei ein paar morbide Frankfurter Verhältnisse aufs Land schleppte:

»Wie der Wind in Trauerweiden
Tönt des frommen Sängers Lied,
Wenn er auf die Lasterfreuden
In den großen Städten sieht.

Ach, die sittenlose Presse!
Tut sie nicht in früher Stund
All die sündlichen Exzesse
Schon den Bürgersleuten kund?!

Offenbach ist im Thalia,
Hier sind Bälle, da Konzerts.
Annchen, Hannchen und Maria
Hüpft vor Freuden schon das Herz.

Kaum trank man die letzte Tasse,
Putzt man schon den ird'schen Leib.
Auf dem Walle, auf der Gasse
Wimmelt man zum Zeitvertreib.

Wie sie schauen, wie sie grüßen!
Hier die zierlichen Mosjöhs,
Dort die Damen mit den süßen,
Himmlisch hohen Prachtpopös.«

Der legitime Nachfahr des niedersächsischen Klassikers war ohne Zweifel der ebenfalls nicht in Frankfurt geborene, aber seit den sechziger Jahren bis zu seinem Tod 2006 in Frankfurt lebende zeichnende Dichter (oder dichtende Zeichner?) Robert Gernhardt, der den Klageruf ausstieß: »Drei Mal schade, daß es Busch nicht gelungen ist, in Frankfurt Wurzeln zu schlagen! Daß es Busch nicht gegeben war, die großstädtische Bedenken-, Rücksichts- und Sittenlosigkeit der *Frommen Helene* weiterzutreiben! Davon hätten sie nach menschlichen Ermessen alle profitiert: die deutsche Komik, die Frankfurter Komik und die des Meisters.«

Dennoch rechnete Gernhardt den seligen Wilhelm Busch zu einem Ahnherrn der »Komischen Kunst« in Frankfurt, ebenso wie die zahlreichen Karikaturisten, die 1848 während der Tagung des Paulskirchen-Parlaments in rund 500 Einzelblättern vor allem die Abgeordneten satirisch aufspießten. Eine ganze Flugblattindustrie habe sich etabliert und der Verleger Umpfenbach habe in einem Werbeprospekt verkündet: »An keinem Ort Deutschlands hat diese Kunst des Spotts und des Humors einen so ausgiebigen Boden gefunden, als gerade in Frankfurt.« Die satirischen

Anlässe mögen in den sechziger und siebziger Jahren im Westend ähnlich virulent gewesen sein, wie wir auf unserem Spaziergang bereits erfahren konnten, und die Kerntruppe der später so genannten »Neuen Frankfurter Schule« war hier zu Hause: Hans Traxler in der Kronberger, Gernhardt in der Telemannstraße, Waechter in der Oberlindau, und der Bärmeier & Nickel Verlag, in dem ab 1962 die legendäre Satirezeitschrift *Pardon* erschien, residierte gleich in der Nachbarschaft, im Bornwiesenweg 79. Zu den genannten kamen dann noch Fritz Weigle alias F. W. Bernstein, Clodwig Poth, Pit Knorr und Bernd Eilert, und nicht zuletzt Eckhard Henscheid. Sie alle (und noch einige mehr) bildeten eine Gruppe, die keine Gruppe war, Gleichgesinnte in den Kämpfen der siebziger Jahre, Aufgeklärte und Aufklärer im weitesten Sinn der Frankfurter Schule Adornos und Horkheimers, von der ihnen nicht von ungefähr der Titel *Neue Frankfurter Schule* zuwuchs. Das Klima der Stadt, so Gernhardt, und die Großwetterlage der Bundesrepublik, habe sich als zunehmend befruchtend und ersprießlich erwiesen: »Mit den verhockten und verstockten 50er Jahren verabschiedete sich auch die langsam verrottende Adenauer-Ära, schon waren jene Winde des Wandels zu spüren, die im Sturm der Pop-, Polit-, Sex- und Protestrevolten münden sollten – und ich kann sagen: Wir sind dabei gewesen.« So Robert Gernhardts Rückblick. Und er ließ nicht locker. Wenn er in den letzten Jahren »als Großvater der ganzen Bagasch« in der Bockenheimer Sophienstraße 8 bei der *Titanic* läutete und ihm »junges Gemüse« öffnete, dann konnte sich folgender Dialog entspinnen:

»›Hier! Nehmt die Fackel des Witzes und tragt sie weiter, auf daß Frankfurter Aufklärung weithin leuchte und ihr Widerschein weiterhin davon künde, wie wir hier vor nunmehr gut vierzig Jahren die deutsche Satire und die bundesrepublikanische Komik wieder aufgebaut haben. Es war ja nichts da! Mit bloßen Händen mußten wir die ersten Pointen aus den Trümmern –,‹

›Wir wissen es, Alter!‹

›Und all das begann nicht zufällig in Frankfurt, jener freien Reichs-, Messe- und Krönungsstadt, die seit jeher ein vergleichsweise meinungsfreudiger Ort gewesen ist. Habe ich euch eigentlich schon erzählt, daß in Frankfurt – anders als im nahe gelegenen Aschaffenburg, von Würzburg ganz zu schweigen – niemals eine Hexe verbrannt worden ist?‹

›Hast du, Alter!‹

›Dann sorgt dafür, daß das auch so bleibt, Kinder!‹

›Machen wir, Alter!‹«

Die Kinder werden schon dafür sorgen, daß Frankfurt die »Hauptstadt deutscher Satire« bleibt, darunter tun sie es hier nicht, und weil Frankfurt – so hatte es der zuständige Stadtrat ausgerechnet – von allen deutschen Großstädten die größte Satirikerdichte pro Quadratmeter ausweise, will die Stadt auch ein Deutsches Karikaturenmuseum einrichten, die »Caricatura«.

Wer will, könnte von dem kleinen Odina-Bott-Platz an der U-Bahn-Station Westend einen kleinen Schlenker über die Bockenheimer und in die Feuerbachstraße zum fast parallel verlaufenden Kettenhofweg machen, in den Anfang der achtziger Jahre des 18. Jahrhunderts Adolph Freiherr von Knigge hoch verschuldet aus Hanau geflohen war und in einem Gartenhaus schon fleißig *Über den Umgang mit Menschen* schrieb.

Und in der Nummer 44 auf der linken Seite hatte, gut 80 Jahre später, der Maler Gustave Courbet sein Atelier, aus dem er auch gern urwüchsig germanische Geschichten nach Frankreich berichtete. »Silvesterabend ist mir eine herrliche Sache passiert«, schrieb er zum Beispiel Anfang 1859 an seinen Freund Jules Castagnary. »Auf der Jagd in den deutschen Bergen habe ich einen riesigen Hirsch erlegt, einen Zwölfender, das bedeutet einen 13jährigen. Dieses Ereignis hat ganz Deutschland neidisch gemacht. Ein reicher Fabrikant aus Frankfurt hat versucht, ihn mir zu stehlen, aber ich muß gerechterweise sagen, daß sich alle Frankfurter für mich eingesetzt haben. ... Danach hat einer der Jäger ein Essen gegeben, wo man 700 Glas bayerisches Bier getrunken hat. Wir haben dort bis zum nächsten Morgen gefeiert.« Und danach hat Courbet ein Bild gemalt, *Combat de Cerfs*, das heute im Louvre hängt.

Drei Jahre später wurde im Kettenhofweg 100 Ludwig Fulda geboren, einer der meistgespielten Komödienautoren bis ins Jahr 1933, in dem er, der sich immer als »guter Deutscher jüdischer Abstammung« verstand, mit Aufführungs- und Schreibverbot belegt wurde. 1939 wollten ihn die Nazis zwingen, den ihm verliehenen Burgtheater-Ring zurückzugeben, da vergiftete er sich.

Heute lebt und arbeitet im Kettenhofweg der Komponist und Regisseur Heiner Goebbels, der – nach seinen Anfängen im »Sogenannten linksradikalen Blasorchester« – heute aus der internationalen Theateravantgarde nicht mehr wegzudenken ist. »Seit Mitte der achtziger Jahre erfindet Heiner Goebbels das Musiktheater neu«, befand die Jury des Europäischen Theaterpreises 2001: »Sein ›konzeptionelles Komponieren‹, an Heiner Müllers Dialektik und Gertrude Steins Sprachspielen ebenso geschult wie an Popmusik und philosophischen Diskursen, macht Musik sichtbar, Raum hörbar und Text auf raffiniert einfache Weise erlebbar.« Wir mutmaßen, auch T. W. Adornos Musiktheorien scheinen gerade in Frankfurt ihre Wirkung entfaltet zu haben, was man nicht nur an Heiner Goebbels, sondern auch an dem Frankfurt verbundenen Komponisten Hans Zender, dem »ensemble modern« wie an dem für Neue Musik aufgeschlossenen Publikum sehen und hören kann. Wir werden Adorno noch später auf dem Kettenhofweg begegnen, gehen erst einmal weiter in Richtung der ansteigenden Hausnummern und gelangen an der nächsten Kreuzung in die Lindenstraße, zum Schauplatz eines berühmten Romans, *Der Fall Maurizius* von Jakob Wassermann. Genau an die Ecke Kettenhofweg hat der Autor das Haus seines furchtbaren Oberstaatsanwalts Andergast gestellt, dessen starre moralische Werteordnung erst der eigene Sohn zum Einsturz bringt. Und die Dämonen, die ihn jagen, bis er auf dem Weg der Anerkennung seiner Schuld ist, sie kommen gezielt aus der Lindenstraße: »Als Herr von Andergast allein war, öffnete er das Fenster, um den Zigarrenqualm hinausziehen zu lassen. Es war eine feucht-schwüle Aprilnacht. Die Bäume tropften, die dunkle Straße lag da wie ein aufgeschnittener Schlauch. Herr von Andergast bohrte den Blick in die Finsternis. Er hatte das Kinn auf die verflochtenen Hände gedrückt und stand unbeweglich wie ein Pfahl. Als er das Fenster geschlossen hatte, setzte er sich zum Schreibtisch, nahm einen Akt von dem bereitliegenden Stoß und schlug ihn auf. Doch seine Augen glitten interesselos über die Seiten. Er hielt einen Bleistift in der Hand und kritzelte zerstreut Zeichen und Wörter auf ein leeres Blatt Papier. Auf einmal zuckte er zusammen. Da stand der Name Maurizius.«

Schnell weiter. Die Hausnummer 29-35 ist eine Adresse, die die Lindenstraße in der literarischen Welt von heute zu einem Begriff gemacht hat. Hier ist die von George Steiner so genannte »Suhrkamp Kultur« entstanden, und es wäre müßig, all die berühmten Namen aufzuzählen, die hier ein und aus gingen. Hier ist der Sitz des Suhrkamp und des Insel Verlages, deren Verlegerin heute die Schriftstellerin Ulla Unseld-Berkéwicz ist. Den Spuren des 2002 verstorbenen Verlegers und Frankfurter Ehrenbürgers Siegfried Unseld werden wir auf unserem sechsten Spaziergang folgen.

Neben dem Suhrkamp-Haus baute 1896 eine wohlmögende Bürgerstiftung ein palastartiges Damenstift, das 1940 zwangsweise zugunsten der Frankfurter Gestapo-Zentrale veräußert, nach dem Krieg zum ersten Sitz des Oberbürgermeisters und später zu dem einer Bank wurde – was wohl inzwischen daraus geworden ist?

Wir kommen jetzt mit wenigen Schritten wieder zur Bokkenheimer Landstraße, wenden uns dort nach links und spazieren weiter unter den Kastanien zur Bockenheimer Warte. Dabei kreuzen wir eine Reihe von Seitenstraßen, die fast sämtlich nach Persönlichkeiten des 19. Jahrhunderts benannt wurden. Auf der linken Seite der Bockenheimer mag der Spaziergänger – zwischen Bettinaschule und Bettinastraße, Bettinaplatz und Brentanostraße – glauben, er stehe im Zentrum der Frankfurter Romantik. Aber es sind nur die Namen, die er dort findet, keine Spuren mehr von den beiden schreibenden Geschwistern Clemens und Bettina. Beide haben ja auch nur ihre Kindheit und Jugend in Frankfurt verbracht und sind später lediglich zu sporadischen Aufenthalten in die Vaterstadt zurückgekommen. Die exaltierte Bettina, immerhin, hat in ihren Dichtung und Wahrheit launig durcheinanderwirbelnden Briefbüchern *Goethes Briefwechsel mit einem Kinde*, *Die Günderode* und *Clemens Brentanos Frühlingskranz* ein eigenwilliges

Stückchen Frankfurter Literaturgeschichte geschrieben; Bruder Clemens aber träumte lieber von *Gockel, Hinkel und Gackeleia* in einem wilden Wald zwischen Gelnhausen und Hanau, als daß er sich auf die Stadt, in der er einmal Kaufmann wie der Vater werden sollte, näher einließ. »Des Krams und der Gewerke Thor steht offen«, dichtete er sich von der gequälten Seele, »Die Kirche auch, und der Gerichte Haus, / Und strenggeschulte haben hingetroffen / Doch Musenkinder stößt die Zunft hinaus.«

Wir überqueren die Arndtstraße, in der die Lyrikerin Elisabeth Borchers wohnt und Walter Höllerer, der Dichtermakler der sechziger Jahre, wohnte und wirkte, und ebenfalls die Mendelssohnstraße, von der rechts die kleine Schubertstraße abgeht, in der sich – es wundert uns schon gar nichts mehr – im Haus Nr. 20 noch ein Heinrich-Hoffmann-Museum befindet – mit Struwwelpeter und seinen Gesellen zum Anfassen. Am ersten, in der Schirn-Kunsthalle, sind wir auf unserem zweiten Spaziergang vorbeigekommen. Und so wundert es uns auch nicht, daß im Westend des anti-autoritären Jahres 1970 auch ein *»Anti-Struwwelpeter«* entstanden ist, in dem die Kinder ganz im Heinrich-Hoffmann-Ton ermahnt werden:

»Darum sei nicht fromm und brav
wie ein angepflocktes Schaf,
sondern wie die klugen Kinder
froh und heiter. Das ist gesünder.«

Diese satirische Version des Originals stammt aus der Feder von F. K. Waechter, dem sein erster Bucherfolg später eher peinlich war. Aber so ist das in Frankfurt: es gibt nichts, wozu es nicht auch das Gegenteil gäbe.

Weiter auf dem Weg zur Bockenheimer Warte kommen wir auf der linken Seite am Hotel Palmenhof vorbei, wo eine Plakette darauf hinweist, daß in diesem Haus von 1921 bis 1924 der Schriftsteller und Nobelpreisträger Elias Canetti lebte – dem wir bereits im ersten Spaziergang auf der Zeil begegnet sind. In Frankfurt bezogen Mutter und Söhne Canetti zwei Zimmer in der Pension Bettina (die er in seiner Lebensgeschichte *Die Fackel im Ohr* »Pension Charlotte« nennt), und der sechzehnjährige Elias machte an der Wöhlerschule sein Abitur. Vor allem jedoch wurde er in Frankfurt mit der harten sozialen Wirklichkeit dieser Jahre konfrontiert: »Ich fühlte mich schuldig für die Not, die wir um uns sahen und nicht teilten«, schrieb er. Er ging zur Lesung von Thomas Mann, erlebte Wilhelm Furtwängler als Dirigenten der städtischen Museumskonzerte. Neben der Schlüsselerfahrung mit den Demonstranten auf der Zeil hatte Canetti, bevor er Frankfurt verließ, eine zweite: das Städel. »In Frankfurt durfte man, um zum Städel zu gelangen, den Main überqueren. Man sah den Fluß und die Stadt und schöpfte Atem, es gab einem Atem für das Furchtbare, das einen erwartete. Es war das große Rembrandt-Bild *Die Blendung Simsons*, das mich erschreckt, gepeinigt und hingehalten hat.« Sechs Jahre später schrieb er seinen ersten Roman – *Die Blendung*.

Die Namensgeber all der Straßen um die »Bockenheimer« haben ihre je eigene Beziehung zu Frankfurt. Die geheimnisvollste hat sicher Beethoven, zu dem wir bei der nächsten Kreuzung kommen. Gemeint ist nicht das freundschaftliche Verhältnis zu den Brentanos, das später natürlich vor allem von Bettina gepflegt wurde, gemeint ist auch nicht die wackere Subskription der *Missa solemnis* des damals schon tauben Meisters aus Wien durch den Cäcilienverein. Die Musikwissenschaft weiß von einem Brief an die »unsterbliche Geliebte«, der nach Beethovens Tod neben dem Testament in einem Geheimfach gefunden wurde. Die Dame, ist anzunehmen, stammt aus Frankfurt: Catharina von Ertmann war eine besonders begabte Schülerin des Komponisten; die erste seiner letzten Klaviersonaten hat er ihr, die er stets »Dorothea-Cäcilia« nannte, gewidmet.

Nach diesem musikalischen Charakterstück, einem Intermezzo der Spekulation, verlassen wir die Beethoven gewidmete Straße – in der heute übrigens zwei Schriftsteller leben, deren Werke oft etwas mit Frankfurt zu tun haben: Wilhelm Genazino und Martin Mosebach – und entdecken in der gegenüberliegenden Straße den Eingang zum Palmengarten, jener exotischen grünen Ruheinsel mitten in der Stadt, die seit 1869 zu einem Paradies-Ersatz geworden ist. Das große Palmenhaus entstand bereits kurz nach dem Londoner Kristallpalast von 1851, der tonnengewölbte Ballsaal von Friedrich Thiersch wurde originalgetreu restauriert. Hier also könnte sich der leicht ermüdete Spaziergänger bei Kaffee & Kuchen im Café Siesmayer erholen. Aber für den Palmengarten braucht der Connaisseur viel Zeit und Muße, die wir auf die letzte Etappe dieser Tour verwenden wollen.

Wir übergehen deshalb auch die nächste Querstraße in des Wortes Doppelsinn. Wir werden Robert Schumann, der ihr den Namen gab, auf einem späteren Spaziergang begegnen und nähern uns, die breite Autoschneise der Senckenberganlage überquerend, dem alten Universitäts-Zentrum mit seinem Wahrzeichen, der Bockenheimer Warte. Dieses heute bezugslose Relikt aus dem Mittelalter war einst eine im Vorfeld der Stadt installierte Sicherung gegen äußere Feinde; von solchen Warten der Landwehr war die

Ein Tyrannosaurus rex: vor dem Naturmuseum Senckenberg

Stadt einmal in allen Richtungen umgeben. Noch ist sie der Mittelpunkt der relativ jungen Frankfurter Universität, die wie viele andere kulturelle und soziale Institutionen in Frankfurt erst 1914 von den Bürgern selbst durch Spenden und Stiftungen gegründet wurde. Jetzt wird sie im Laufe der Jahre auf den neuen Campus des ehemaligen IG-Farben-Konzerns verlagert. Aber auch dann wird es noch den wöchentlichen Markt um die Warte herum geben, auf dem der flanierende Romancier Wilhelm Genazino ein »Frankfurt am Meer« entdeckte:

»Einmal in der Woche, dienstags, bin ich dem Meere nahe. Ort der Täuschung ist der Bockenheimer Markt. Ein Fischhändler baut dort drei Zinkwannen auf und läßt einen Vormittag lang Karpfen, Hechte, Schleien und Welse herumschwimmen. Ich stelle mich dicht an eine der Wannen, beuge mich ein wenig vor, und schon habe ich fast den Geruch des Meeres, diese säuerliche Mischung aus Tiefe und Tang und fremder Tierkörperhaftigkeit.

Ein paar der Schleien und Karpfen sind so groß geworden, daß man sie sich nicht mehr tot vorstellen mag; deswegen leben sie fort von Markttag zu Markttag. Gegen 14 Uhr, wenn der Händler seine Sachen einpackt, komme ich zum zweiten Mal. Ich will den Meeresgeruch noch einmal haben, aber ich will auch sicher sein, daß niemand gewagt hat, den großen Fischen an das Leben zu gehen. Sie gleiten mit ihren schweren Leibern bedächtig, ja elegant in der Wanne auf und ab. Mit ihren abstehenden Lippen und ihren weit geöffneten Augen sehen sie aus wie klug gewordene Tiere, die erst im Alter bemerkt haben, daß sie ungestört leben wollen. Aus einiger Entfernung schaue ich dem Fischhändler dabei zu, wie er mit einem Handnetz die wieder übrig gebliebenen Fische einfängt und sie in einen großen Plastikbehälter verlädt, der auf seinem Lieferwagen aufmontiert wird. Sie lassen sich leicht einfangen; sie scheinen zu wissen, daß es für sie nicht gefährlich ist, wenn sie vorübergehend in der Luft sind. Sie wälzen ihre Körper nur einmal auf die andere Seite des Netzes; es sieht aus, als suchten sie auf einem Meeressofa eine neue Lage.«

Rechter Hand die Universitätsbibliothek und das bekannte »Bockenheimer Depot«, eine Backsteinbasilika, die 1899 zur Wartung der städtischen Straßenbahn entstand, eigentlich eine architektonisch eher reaktionäre Konstruktion aus Holzbindern in einer Zeit, in der solche Bauten längst aus Eisen und Glas errichtet wurden. Heute ist das Depot (das die Frankfurter auf der ersten Silbe betonen) ein unvergleichlich theatralischer Ort für alle Arten der darstellenden Künste: Das legendäre, aber »abgewickelte« TAT (Theater am Turm) hatte hier seine Spielstätte ebenso wie es weiterhin von der weltberühmten Forsythe Company, ehemals Ballett Frankfurt, genutzt wird.

Der bereits etwas ermüdete Spaziergänger könnte hier an der Warte die U-Bahn nehmen und drei Stationen zurück zur Hauptwache fahren. Wir Unermüdlichen aber lassen die alten und neueren Universitätsgebäude links liegen und wenden uns dem rötlich schimmernden Messeturm zu, an dem wir uns bis zum nahen Ende dieses Spaziergangs orientieren wollen.

Auf der nun beginnenden Senckenberganlage, einem Teilstück des zweiten großen Alleenrings um die Innenstadt, begegnen wir als erstes – einem Tyrannosaurus rex. Das lebensgroße Urvieh steht dort werbend für das weltberühmte Naturmuseum Senckenberg, auf dessen Giebel wiederum Saturn mit Stundenglas und Sense grüßt. Im Vorgarten stehen neben Säulenbasalt und versteinerten Bäumen verschiedene Denkmäler, u. a. das des Frankfurter Arztes Johann Christian Senckenberg, der mit seinen Sammlungen ab 1763 den Grundstock der »Senckenbergischen Naturforschenden Gesellschaft« (1817) legte. Das Senckenberg ist eines des meistbesuchten Museen Deutschlands, nicht zuletzt wegen seiner Sammlungen aus der Zeit der Donnerechsen und Riesenstrauße. Wir aber wenden uns nun auf der gegenüberliegenden Seite der Lehranstalt zu, die weltweit als »Frankfurter Schule« bekannt wurde, dem Institut für Sozialforschung. 1924 ist es als »Forschungsstätte für den wissenschaftlichen Marxismus« entstanden, 1933 hat es Max Horkheimer vor den Nazis in die USA gerettet, und 1951 wurde es im Neubau Ecke Dantestraße wiedereröffnet – ein für das deutsche Geistesleben der Nachkriegszeit folgenreiches Ereignis. Aber auch dieser höchst gelehrten und ernsthaften Institution blieb es nicht erspart – das gehört einfach zum geistigen Klima dieser Stadt – durch eine »Neue Frankfurter Schule« konterkariert zu werden. So überliefert einer deren satirischen Protagonisten, Eckhard Henscheid, in einer (fiktiven) Anekdote, wie denn der Name »Frankfurter Schule« entstanden sein könnte:

»Einmal, Anfang der Dreißiger Jahre, saßen in der Frankfurter Uni-Mensa Max Horkheimer, Friedrich Pollock, Theodor W. Adorno, Herbert Marcuse, Erich Fromm und Jürgen Habermas beieinander und überlegten hin und her. ›Jetzt sind wir sechs ausgewachsene Kritische Theoretiker‹, sann Max Horkheimer, ›jetzt fehlt uns eigentlich nur noch ein Name!‹ ›Die Sechserbande!‹ schlug Fromm sofort übermütig vor. ›The Roaring Six!‹ krähte der im Angloamerikanischen beschlagene Marcuse. Usw., keiner drang aber so recht durch, bis es plötzlich, während Pollock gerade ein besonders albernes Wortspiel mit ›Sex‹ erwog, Adorno siedendheiß kam: ›In ganz Deutschland‹, rief der junge Gelehrte, der sich gerade mit einer Arbeit über Kierkegaard hervortat, ›als unvergleichlich hat immer wieder die evident hohe Spielkultur der Frankfurter Eintracht sich gezeigt. Warum sollten wir, in legitimer Analogie dazu, nicht mit einem jenseits aller unveräußerlichen Dialektik stringenten ›Die Frankfurter Schule‹ ins kurrente Gerede uns bringen und so in Geschichte und Philosophie, die, nach Hegel, auch immer Philosophie von Geschichte ist, uns eingravieren?‹ ›In Ordnung‹, stimmte Horkheimer sofort zu – und die ›Frankfurter Schule‹ war gegründet.«

Im Kettenhofweg 123, an der nächsten Abzweigung links, wohnte der Soziologe, Philosoph, Komponist und Musikwissenschaftler Theodor W. Adorno – wie eine Gedenktafel an der erkergeschmückten Fassade frauenfreundlich mitteilt – »von 1949 bis zu seinem Tode gemeinsam mit seiner Frau Gretel«. Schräg dahinter, in der Parallele der Westendstraße (Nr. 79), lebte Max Horkheimer, der Freund und Mitstreiter beim schwierigen Geschäft der *Dialektik der Aufklärung*. Uns aber hält ein geflügeltes Wort aus den *Minima Moralia* von der Adorno-Tafel auf der Senckenberganlage, wo es seine banale Erfüllung findet im ewig fließenden Verkehr: »Es gibt kein richtiges Leben im falschen.«

Adorno mußte hier immer über die Straße, auf seinem Weg zur Universität, wo er in einem überfüllten Hörsaal über »Ästhetik I« oder »Ästhetik II« sprach. Das war nicht ungefährlich, und so schrieb der Philosoph eines Tages einen geharnischten Leserbrief an die Frankfurter Allgemeine Zeitung, die das rare Schriftstück am 18. Juli 1962 im Lokalteil veröffentlichte. Darin heißt es: »Nachdem ich auf die Mißstände der Verkehrsregelung auf der Senckenberganlage dort, wo sie an der Universität vorbeiführt, verschiedentlich aufmerksam gemacht hatte, ohne etwas erreichen zu können, wende ich mich heute an die Öffentlichkeit. Die Senckenberganlage hat sich zu einer der verkehrsreichsten Ausfallstraßen entwickelt. Breit und mit mehreren Bahnen, lädt sie geradezu die Autos dazu ein, loszufahren. Zugleich aber muß diese Straße dauernd von all denen überquert werden, die ebenso an der Universität wie an den auf der anderen Seite der Senckenberganlage befindlichen Instituten arbeiten. Verkehrslichter fehlen. In unwürdiger Weise muß man über die Straße rennen, um nicht im buchstäblichen Sinn unter die Räder zu kommen; auf der Seite der Mertonstraße ist die Situation besonders gefährlich, weil die Senckenberganlage einen scharfen Knick macht, der die Wirkung hat, die Autos weit nach links zu treiben; es ist für den Überschreitenden fast unmöglich, die Distanzen richtig abzuschätzen. Sollte ein Student oder ein Professor in jenem Zustand sich befinden, der ihm eigentlich angemessen ist, nämlich in Gedanken sein, so steht darauf unmittelbar die Drohung des Todes ...«

Heute ist eine Ampel da. Wir warten also geduldig auf grünes Licht und folgen der Verlängerung des Kettenhofweges auf der anderen Seite der Anlage, der Robert-Mayer-Straße. Schon nach ein paar Schritten kommen wir auf den Theodor-W.-Adorno-Platz, wo zum 100. Geburtstag des Philosophen ein ebenso kurioses wie prototypisches Denkmal für Geistesarbeiter errichtet wurde: auf sechs Quadratmeter Parkett sind unter einem Glaskubus ein Schreibtisch, ein Sessel und eine Leselampe zu sehen, auf dem Schreibtisch ein Buch, die *Negative Dialektik*, ein paar

Notenblätter und ein schlagendes Metronom. Wer befürchtet hatte, daß ein solches Glashaus als »Kunst im öffentlichen Raum« vielleicht nicht recht geeignet sei, sollte recht bekommen. Schon bald bekam das angeblich unzerstörbare Glashaus mehrere Sprünge, die zu einer Tagung zum Thema Vandalismus und moderne Kunst führten. So beschäftigt Theodor W. Adorno auch nach seinem Tod noch die Gemüter. Aber besonders wenn es dunkel wird, sieht Adornos Puppenstube im Licht der Leselampe ganz allerliebst aus.

Wir gehen jetzt links in die Georg-Voigt-Straße, vorbei am gelben Uni-Klinkerbau des Bauhaus-Architekten Ferdinand Kramer, den der Rektor Max Horkheimer in den fünfziger Jahren zum Universitätsbaumeister machte, und dessen puristisch-funktionale Gebäude nach der Verlegung der Universität auch schon wieder abgerissen werden sollen, gehen vorbei am Turm des Marriott-Hotels zur Messe. Auch hier genießen wir zuerst das Panorama: rechts der runde Glaspalast des Maritim-Hotels, links der Messeturm, Europas längster Bleistift, mit Jonathan Borofskys fleißigem *Hammering Man* davor – und in der Mitte die gute alte Festhalle, eine Eisenkonstruktion mit mehr als 12 000 Sitzplätzen. Seit hier, kurz nach der Eröffnung, im Mai 1909 der »3. Gesangswettstreit deutscher Männergesangvereine« in Anwesenheit des Kaiserpaares zelebriert wurde, hat der imposante Kuppelbau manch merkwürdige Massenveranstaltung erlebt – Reitturniere und Opernaufführungen, Boxkämpfe und Rockkonzerte, 6-Tage-Rennen, Eisrevuen und evangelische Kirchentage – und eine der seltsamsten sicher im Jahr 1929, über die der Philosoph Ernst Bloch berichtet hat: eine 14 Tage dauernde Marathon-Tanz-Meisterschaft.

Die arbeitende Messestadt: Jonathan Borofskys
»Hammering Man«

Heute befinden wir uns hier an einem der wichtigsten Warenumschlagplätze Europas, der Frankfurter Messe, die ihre Privilegien bis auf Kaiser Friedrich Barbarossa zurückführen kann. Und die historische Schatztruhe ist voll von schriftlichen Zeugnissen, wer sich da auf der Frankfurter Messe herumgetrieben haben soll, schon Till Eulenspiegel im 14. Jahrhundert und Shylock, *Der Kaufmann von Venedig*. Über vier Jahrhunderte war die Frankfurter Messe am Kreuzungspunkt der europäischen Fernstraßen die bedeutendste Messe des Reiches, die sich – wie wir schon wissen – vom Main hinauf zur Zeil zog und mit dem heutigen Messegelände nichts gemein hatte. Man nannte sie die »Mutter aller Kaufmannshandlungen« und »Kaufhaus der Deutschen«, bis sie ab dem späten 18. Jahrhundert von der Leipziger Messe überholt wurde. Im geteilten Deutschland holte sie ihre einstige Bedeutung zurück, ist wieder einer der führenden Messeplätze Europas.

Auch als Treffpunkt der Büchermenschen aus aller Welt hat die Messe eine jahrhundertealte Tradition. Ende des 15. Jahrhunderts entstand sie, in jenem Teil der heutigen Altstadt, den man dann Buchgasse nannte. 1608 berichtete ein anderer Spaziergänger, der Engländer Thomas Coryate, von der Buchmesse: »In der Buchgasse sah ich eine so unendliche Menge Bücher, daß ich sie höchlichst bewunderte. Diese Straße übertrifft alles, was ich jemals sonst auf meinen Reisen sah. Sie erschien mir als wahrer Inbegriff aller bedeutendsten Bibliotheken Europas ...« Mit etwas anderen Worten gelten Coryates Sätze auch wieder für die heutige Buchmesse, auch wenn sie im 18. Jahrhundert nach Leipzig abwanderte, um nach dem Zweiten Weltkrieg zurückzukommen, und sich dann nicht nur im europäischen, sondern im globalen Maßstab zu entwickeln.

Und irgendwie blieb vieles gleich. Stöhnte schon Erasmus von Rotterdam: »Wenn es auf die Buchmesse geht, bin ich immer erschlagen«, so füllen auch heute allein die Klagen der literarischen Zunft über die alljährliche Versammlung dessen, was sie hervorgebracht hat, Bände für künftige Messen. Die Buchmesse mit den in Frankfurt so beliebten Superlativen von Neuerscheinungen, Ausstellern und Besuchern, dem globalen Geschäft mit der Ware Geist, der Verleihung des Friedenspreises und der Kür um den Deutschen Buchpreis, ist ein jährliches Faszinosum für Hunderttausende, dem Hotellerie und Taxiunternehmer freudig entgegensehen. Falls der Spaziergänger daran teilnehmen möchte, sei ihm geraten, rechtzeitig vorzusorgen.

Vierter Spaziergang
Vom Theaterplatz über den Anlagenring rund um die Innenstadt zum Main

Willy-Brandt-Platz (Städtische Bühnen) – durch die Gallusanlage – Taunusanlage – Opernplatz – rechts an Alter Oper vorbei – Bockenheimer Anlage (links am Teich entlang) – am Nebbienschen Gartenhäuschen auf die Straße »Bockenheimer Anlage« – durch die Eschenheimer Anlage – Friedberger Landstraße (Hessendenkmal) – durch die Friedberger Anlage – Allerheiligenstraße – Obermainanlage – Schöne Aussicht – Mainkai – Zum Pfarrturm – Saalgasse – Fahrtor – Alte Mainzer Gasse – Karmelitergasse – Weißfrauenstraße – Seckbächer Gasse – Untermainkai – Willy-Brandt-Platz

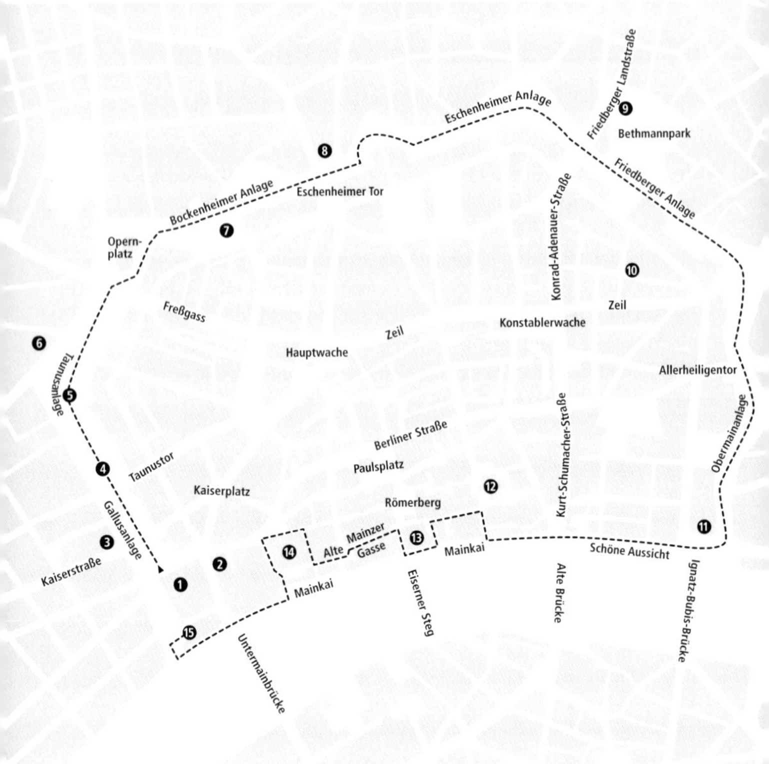

[1] Städtische Bühnen [2] Die Komödie [3] English Theatre [4] Schiller-Denkmal [5] Beethoven-Denkmal [6] Deutsche Bank mit Max-Bill-Plastik [7] Nebbiensches Gartenhäuschen [8] Metropolis [9] Hessendenkmal [10] Tigerpalast [11] Alte Stadtbibliothek (Literaturhaus) [12] Dom [13] Historisches Museum und Fahrtor [14] Karmeliterkloster [15] Jüdisches Museum

Der Theaterplatz ist nicht der Opernplatz – und er heißt auch nicht mehr Theaterplatz. Vor einigen Jahren wurde er nach dem ehemaligen Bundeskanzler und Friedensnobelpreisträger Willy Brandt benannt, gegen den niemand etwas hat und den alle gerne ehren wollen. Aber einen Platz, an dem alle Theater stehen und der deshalb immer Theaterplatz hieß, plötzlich Willy-Brandt-Platz zu nennen ist ein lokalpolitischer Unfug, den die Frankfurter nicht mitmachen. Deshalb erstreckt sich für sie die Theaterdoppelanlage für Oper und Schauspiel der Städtischen Bühnen in voller Länge noch immer am »Theaterplatz«. Weithin schimmern die Leichtmetallwolken, die Zoltan Kemeny unter die Wandelhallendecke gehängt hat, durch die Glasfront, im Volksmund denn auch gleich »Dosenpalast« genannt. Im Oper und Schauspiel verbindenden Foyer hängt Marc Chagalls *Comedia dell'arte*, ein Bild von 2,50 mal 4 Meter, das der Maler im Auftrag der Stadt für diesen Raum schuf. Hier nahmen die dramatischen Künste zwischen 1951 und 1963 nach und nach den Betrieb wieder auf. Zuerst noch im alten Schauspielhaus von 1903 an der Stelle der heutigen Oper, das zwar stark beschädigt, aber 1951 vereinfacht wiederaufgebaut wurde, als gemeinsame Spielstätte für Oper und Schauspiel. Aber da man nach dem Krieg die Architektur der Jahrhundertwende wenig schätzte, wurden Anfang der sechziger Jahre auch die alten Fassaden von 1903 niedergerissen – um eben die Doppelanlage von Oper und Schauspiel zu errichten. Sie war neu und modern und ermöglichte mit den damals größten Theaterbühnen Europas die Realisierung aber auch aller Theaterträume. Was jedoch nicht verhinderte, daß die Oper 1987 ausbrannte, versehentlich von einem Obdachlosen angezündet, dem nach einem Einbruch nicht bewußt gewesen sein soll, sich in einem Opernhaus zu befinden. Die Frankfurter Schriftstellerin Thea Dorn hatte darüber eine andere, psychologisch sehr abgründige Meinung, die sie in ihrem Kriminalroman *Ringkampf* 1996 veröffentlichte. Ungeachtet dieser literarischen Fiktion spielte die Oper in der Realität jedoch meist in der ersten Liga deutscher Opernhäuser, schon seit den zwanziger Jahren war sie offen für alles Zeitgenössische, und nach dem Krieg sprach man von einer Ära Georg Solti, einer Ära Christoph von Dohnany oder der von Michael Gielen. Mit dem Operndirektor Bernd Loebe findet das Frankfurter Opernglück seine Fortsetzung. Das Sprechtheater ist als Gattung mehr noch als das Musiktheater auf das Zeitgenössische fixiert, und so ist Frankfurt schon seit Schillers *Kabale und Liebe* ein Theaterort, wo weniger die glamourösen Schauspieler als vielmehr die auf den Brettern verhandelten gesellschaftlichen Konflikte interessieren. Es ist sicher kein Zufall, daß ausgerechnet hier in den heißesten Zeiten des Kalten Krieges die Stücke Bertolt Brechts zum ersten Mal in Westdeutschland gespielt, einige sogar uraufgeführt wurden. Der langjährige Generalintendant Harry Buckwitz ließ sich dabei auch durch heftige Proteste rechter Kreise nicht beirren. Mehrmals kam der Meister persönlich zu Proben nach Frankfurt; freilich blieb er nicht lang genug, wie sein Verleger Peter Suhrkamp in einem Brief vom 16. November 1952 an den »lieben Brecht« bedauerte: »Die Aufführung vom ›Guten Menschen von Sezuan‹ gestern abend war vor dem Premierenpublikum ein besonders guter Erfolg. Allerdings bin ich zweifelhaft, ob er vor dem Durchschnittspublikum andauern wird. Die Leute hier lassen sich nicht gern Unannehmlichkeiten sagen, sondern entziehen sich dem natürlicherweise. Und die Aufführung hat nicht die Leichtigkeit erreicht, die notwendig ist, damit alles abgenommen wird. ... Hätten Sie eine Woche oder zehn Tage hier sein können, wäre das Stück meines Erachtens ein sehr großer Erfolg geworden. Trotz der gelungenen Aufführung sehe ich im Anschluß doch eine Kampagne anrollen.« Die Kampagne kam, und seitdem hat das Theater manche Kampagne überstanden. Brechts Kopf steht heute im Foyer, und eine inzwischen verschwundene Bronzetafel listete die Buckwitz-Inszenierungen seiner Stücke ab 1951 auf: Es waren zwölf.

Es waren immer die politisch virulenten Stücke, die in Frankfurt interessierten und die für leidenschaftliche Diskussionen sorgten, wie zum Beispiel die Uraufführung von Peter Weiss' *Diskurs über die Vorgeschichte und den Verlauf des lang andauernden Befreiungskrieges in Viet Nam als Beispiel für die Notwendigkeit des bewaffneten Kampfes der Unterdrückten gegen ihre Unterdrücker sowie über die Versuche der Vereinigten Staaten von Amerika, die Grundlagen der Revolution zu vernichten.* An der sechzehnfachen Uraufführung seines Auschwitz-Oratoriums *Die Ermittlung* hat Frankfurt nicht teilgenommen: schließlich fand der Auschwitz-Prozeß, auf dem die Texte des Stückes beruhen, in Frankfurt statt, zuerst im Plenarsaal des Römers, später in einem inzwischen historischen Saal im Gallus-Viertel, und Peter Weiss hat ihn dort zeitweise verfolgt. Heiner Müller war mit vielen Stücken in den siebziger Jahren ein maßgeblicher Autor für das »Schauspiel Frankfurt« und deshalb oft in Frankfurt, wo sein *Leben Gundlings Friedrich von Preußen Lessings Schlaf Traum Schrei* von dem befreundeten Dramaturgen und Autor

Für die Theaterkünste: Oper und Schauspiel
der Städtischen Bühnen

Horst Laube uraufgeführt wurde. Heiner Goebbels komponierte seine ersten Hörstücke nach Müller-Texten, der Müller-Exeget Hans-Thies Lehmann arbeitete mit seinen Studenten an der Uni über dessen Theaterarbeit, mit der »experimenta 6« wurde 1989 zum ersten Mal einem einzelnen Autor ein Festival gewidmet, und Müllers Verlag war in Frankfurt, kurz: Frankfurt war über Jahrzehnte die Stadt des dramatischen Dichters mit der leisen Stimme, der schwarzen Brille und der Zigarre. Am Schauspiel Frankfurt arbeiteten die Regisseure Peter Palitzsch und Hans Neuenfels, Luc Bondy, Klaus Michael Grüber, Frank-Patrick Steckel, Wilfried Minks. Das Theater spiegelt die Zeit und die Stadt – und so war es kein Wunder, daß in den antiautoritären siebziger Jahren an diesem Haus als einzigem großen Städtischen Theater Deutschlands die institutionelle Mitbestimmung eingeführt wurde. Sie ist längst wieder aufgegeben. Später setzte sich Peter Eschberg für Thomas Bernhard ein, der Kritiker und Intendant Günther Rühle ermöglichte die ersten Inszenierungen von Einar Schleef und riskierte den Skandal mit Fassbinders Frankfurt-Stück. Und die erste Intendantin, Elisabeth Schweeger, öffnete das Theater mehr denn je den zeitgenössischen dramatischen wie postdramatischen Theatermachern.

Schiller-Denkmal

Der »Theaterplatz« ist aber auch ein Ort für die leichte Muse: Schräg gegenüber, im Hochhaus der Dresdner Bank, gibt es im English Theatre die Comedies vom Londoner

Westend zu sehen, und um die Ecke in der Neuen Mainzer Straße (gegenüber dem Schauspiel) ist dafür seit vielen Jahren »Die Komödie« unter ihrem Prinzipal Claus Helmer zuständig.

Wie eine Festungsinsel liegt der kantige Musentempel der Städtischen Bühnen in den Wallanlagen, die ab 1806 auf der geschleiften Stadtbefestigung rund um die alte Stadt angelegt wurden. Wenn unser Spaziergang jetzt dem Ring um die innere Stadt folgt, dann gehen wir wirklich auf dem Boden der alten Wallpromenaden und auf den Wegen, an denen die wohlhabenden Bürger der Stadt nach der Niederlegung der Festungsmauern ihre Landhäuser und Gärten hatten.

Schon auf unserem ersten Spaziergang haben wir an der Kaiserstraße die Wallanlagen gekreuzt. Wandern wir in dieser Grünanlage ein paar Meter weiter, über die Straße »Taunustor« hinweg, stehen wir vor einem überlebensgroßen Erzguß-Dichter, dem »poeta laureatus« Friedrich Schiller, der in den achtziger Jahren des 18. Jahrhunderts öfter in Frankfurt war, inkognito zunächst, dann aber – wie er 1784 in einem Brief schrieb – »von Fresserei zu Fresserei herumgerissen« als gefeierter Autor der *Räuber*, des *Fiesco* und von *Kabale und Liebe*. Wir werden ihm noch einmal im Gasthaus »Zum Storch« begegnen. Und zuletzt an der »Schillerruh«.

Gehen wir links an ihm vorbei, treffen wir auf das 1913 von Georg Kolbe geschaffene erste deutsche Heine-Denkmal, das in der Obhut des Städels unter der listig gewählten Bezeichnung »Frühlingslied von Kolbe« 1940 sogar die Metallspende des deutschen Volkes überstanden hat. Heinrich Heine wäre es vermutlich egal gewesen, was die Bürgersleute mit den nackten Jugendfiguren zu seinen Ehren angestellt hätten. Hat er sich doch schon über die langen Denkmal-Geburtswehen für seinen Kollegen Goethe mit einem despektierlichen Sonett lustig gemacht:

»Hört zu, ihr deutschen Männer, Mädchen, Frauen,
Und sammelt Subskribenten unverdrossen;
Die Bürger Frankfurts haben jetzt beschlossen:
Ein Ehrendenkmal Goethen zu erbauen.

›Zur Meßzeit wird der fremde Krämer schauen‹ –
So denken sie – ›daß Wir des Manns Genossen,
Daß Unserm Miste solche Blum entsprossen,
Und blindlings wird man Uns im Handel trauen.‹

O, laßt dem Dichter seine Lorbeerreiser,
Ihr Handelsherrn! Behaltet Euer Geld.
Ein Denkmal hat sich Goethe selbst gesetzt.

Im Windelnschmutz war er Euch nah, doch jetzt
Trennt Euch von Goethe eine ganze Welt,
Euch, die ein Flüßlein trennt vom Sachsenhäuser!«

Dem lyrischen Spötter also können wir uns nicht anvertrauen auf unserem vierten Spaziergang, der uns – im Zackenkranz der alten Wallanlagen – von Denkmal zu Denkmal rund um die innere Stadt führt. Schon ein paar Schritte weiter steht ein merkwürdiges Betongebilde, das der spanische Bildhauer Eduardo Chillida 1986 als *Ein Haus für Goethe* gebaut hat. Ob der Geheimrat sich darin wohlgefühlt hätte? Bewundert hätte er sicherlich den gewaltigen in sich verschlungenen Granitmonolithen, den Max Bill ebenfalls 1986 vor die unübersehbaren Zwillingstürme der Deutschen

Geben, Nehmen und Danken: Toni Stadlers »Marshallbrunnen«

Bank gesetzt hat. Unübersehbar ist in der Grünanlage auf einem kleinen Hügel auch noch ein von Kolbe entworfenes Werk, eine *dem Genius Beethovens* geweihte Figurengruppe, in der sich der überlebensgroße nackte Genius von zwei halbbekleideten weiblichen Genien mit kräftigen Ellenbogen absetzt. Und wenn wir den Beethoven-Hügel auf der anderen Seite hinuntersteigen, die Junghofstraße überqueren und die Taunusanlage ein paar Meter weitergehen, sehen wir endlich links, wieder leicht erhöht, die Büste des Mannes, dem wir die ganze Wanderung zu danken haben: Jakob Guiollett. Er war Anfang des 19. Jahrhunderts nach Frankfurt gekommen, um für den von Napoleon eingesetzten neuen Herrn der Stadt, den Großherzog Karl Theodor von Dalberg, ein fürstliches Quartier herzurichten. Von diesem wurde er zum »Fürstlichen Commisarius bei dem fortzusetzenden hiesigen Festungsbau-Demolitions-Geschäfte« ernannt und erkannte bald, daß auch für die Bevölkerung etwas getan werden mußte, um sie bei französischer Laune zu halten. Zwar hatte der Rat der Stadt schon beschlossen, den nutzlosen Befestigungsring um die Altstadt abtragen zu lassen. Aber erst Guiolletts Idee, an die Stelle der alten Wälle »Promenaden und Spaziergänge« anzulegen, ließ die Schleifarbeiten zügig vorankommen. Dazu öffnete er auch mit mancher List die Privatkasse des Herrn von Dalberg, und er verpflichtete in Sebastian Rinz (auch der hat natürlich sein Denkmal) einen Gärtner, dem in sechs Jahren die Bepflanzung des ganzen – ohne die Mainpromenade fünf Kilometer langen – Rings glückte.

Eduardo Chillida, Haus für Goethe

Alexandre Dumas der Ältere, der *Die drei Musketiere* geschrieben hat und *Der Graf von Monte Christo*, war 1838 in der Stadt. In seinen *Excursions sur les bords du Rhin* fand die Begeisterung über die neuen Grünflächen schon bald die angemessenen Worte: »Von den Stadtmauern spricht man nicht mehr: Statt der alten Mauern und der sumpfigen Gräben haben die Frankfurter einen reizenden englischen Garten erstehen sehen, einen charmanten und duftenden Gürtel, der einen Rundgang um die Stadt unter herrlichen Bäumen und auf sandbestreuten Wegen erlaubt. So erscheint Frankfurt mit seinen weiß, pistaziengrün und rosa gestrichenen Häusern wie ein riesiger Kamelienstrauß, umgeben von Heidekraut. Das Grab des Bürgermeisters, der die Idee zu dieser Verbesserung hatte, erhebt sich inmitten dieses reizenden Labyrinths, das die Bürger und ihre Familien jeden Tag um fünf Uhr bevölkern.«

Dumas kannte die Stadt am Main gut, schätzte ihre weltläufige Liberalität, und die Frankfurter kannten Dumas. So war es also durchaus eine Überraschung, als 2004 ein bisher unbekannter Frankfurt-Roman von Dumas erschien, *Der Schleier im Main*, ein historischer Roman mit einer tragischen Liebesgeschichte vor dem Hintergrund der Kriegspolitik Bismarcks und zugleich eine Hommage an das Frankfurt des 19. Jahrhunderts.

Doch zurück zu den Wallanlagen: Ganz so idyllisch wie dem älteren Dumas präsentiert sich der Anlagenring dem heutigen Spaziergänger nicht mehr; die moderne Großstadt benötigte ein paar kräftige Schneisen durch ihren inneren Gürtel. Doch über weite Strecken werden wir von Bäumen, Büschen und Büsten begleitet, und wo wir, wie jetzt auf dem Opernplatz, eine größere Straße überqueren müssen, ist die künstliche Unterbrechung des natürlichen

Weges gar nicht so übel. Doch bevor wir die offenen Kolonnaden des Platzes durchschreiten, passieren wir noch Toni Stadlers 1963 geschaffenen Brunnen mit den drei Grazien Aglaia, Hegemone und Euphrosine aus *Faust II*, die als Allegorien für »Geben, Nehmen und Danken« an den Initiator der Hilfe für das hungernde Nachkriegsdeutschland, George C. Marshall, erinnern sollen, natürlich mit den entsprechenden Goetheversen auf dem beiliegenden Felsbrocken.

Wir gehen rechts an der Alten Oper vorbei, lassen das pompöse Ensemble der »Frankfurter Welle« mitsamt dem an den ehemaligen Leerbach erinnernden Gewässer und manche als Kunst deklarierte elektronische Spielerei links liegen und kommen in die Leerbachstraße, wo an der Ecke zum Gärtnerweg im Haus Nr. 30 Joachim Raff lebte, der als Direktor des Hoch'schen Konservatoriums auch seine Wohnung im Westend zum erlesenen Treffpunkt der Musikfreunde machte. Am Abend des 9. Juni 1879 war Franz Liszt zu Besuch. Vierhändig spielten er und Clara Schumann auf dem Klavier, ein Ereignis, das auch viele Zuhörer auf der Straße vor den geöffneten Fenstern versammelte. »Dann kam«, berichtet Raffs Tochter Helene in ihren Lebenserinnerungen, »um Liszt zu huldigen, noch ein Männergesangverein gezogen, der innen im Hause, auf den Stufen der Raffschen Hochparterrewohnung sich aufstellte, und Liszt trat grüßend in die offene Flurtüre, das lange Silberhaar vom Glanze der Fackeln wunderbar angestrahlt.«

Im Rausch der Töne läßt sich der Spaziergänger gern in den Anlagenring zurücktragen, dessen Abschnitt hier, rechts der Alten Oper, Bockenheimer Anlage heißt und dessen zentralen Teich wir links umwandern. Hinter dem Wasser, wiederum etwas links, steht ein – heute für kleine

Ausstellungen genutztes – zierliches Gartenhaus, das vom großzügigen Anwesen des dänischen Verlegers Marcus Johann Nebbien übriggeblieben ist. Der Verleger des »Frankfurter Intelligenzblatts« ließ es im Jahr 1810 von dem französischen Architekten Salins de Montfort entwerfen, als er zum dritten Mal in den heiligen Stand der Ehe trat. Das Nebbiensche Gartenhaus mit seinem florentinischen Renaissance-Brunnen von 1550 ist heute das einzige noch erhaltene alte Gartenhaus im Ring der Anlagen. Es erinnert Historiker, Stadtväter und Bauherren nicht nur an blühende biedermeierliche Gartenkultur, sondern auch an das strenge »Wallservitut«, das nach der Schleifung der Festungswälle den Grundstückskäufern zur Auflage machte, binnen Jahresfrist ihren neuerworbenen Festungsboden als Gärtlein anzulegen und Gebäude nur in oberster Lage zu errichten. Das gab der Stadt später immer wieder die Möglichkeit, private Wallgärten zur Verbreiterung der öffentlichen Anlagen zurückzukaufen; das macht es ihr glücklicherweise aber auch heute noch schwer, Ausnahmegenehmigungen zu erteilen.

Wie ein schönes bürgerliches Wohnhaus in der ersten Hälfte des 19. Jahrhunderts auszusehen hatte, kann man noch am Objekt studieren, wenn man direkt hinter dem Nebbienschen Gartenhäuschen die Straße der Bockenheimer Anlage überquert und dann etwas nach rechts geht bis zur Nummer 3, einer klassizistischen Villa, die nach Plänen und Motiven Moritz von Schwinds gebaut wurde. Der Maler wohnte 1846/47 freilich nur ein knappes Jahr darin; sein von der Städel-Stiftung bestelltes Historiengemälde *Der Sängerkrieg auf der Wartburg* fand nämlich nicht die erhoffte Aufmerksamkeit, und so zog er weiter nach München.

Die nächste Schneise durch die Wallanlagen schlug die Eschersheimer Landstraße vom Eschenheimer Turm kommend nach Norden: auf einer Dreiecksinsel der Straßenkreuzung hat der Frankfurter Metall-Bildner Hermann Göpfert 1968 einen kühnen Brunnen geschaffen, »Makkie-Messer-Brunnen« nennt ihn der Volksmund wegen seiner Haifischzähne: eine flache Schale in Form eines riesigen Tropfens, in der sich drei reflektierende turbinenartige Gebilde befinden, die Wasserspiele erzeugen – und manche Aufregung der Anwohner ums Wohlgefallen. Die gab es auch bisweilen in dem heute den Platz dominierenden äußerlich noch neobarocken, innerlich zum Multiplexkino umgebauten Gebäude, in dem man sich ab 1908 als »Volksbildungsheim« um das geistige Wohl des Volkes sorgte. Auch mit Hilfe eines Theaters, das die Frankfurter Volksbühne, eigentlich eine Besucherorganisation, selbst betrieb und das sich ab Mitte der sechziger Jahre als Theater am Turm (TAT) einen überregionalen Ruf erspielte. Hier hat Claus Peymann mit Peter Handkes *Publikumsbeschimpfung* und *Kaspar* Furore gemacht, hier entwarf Wolfgang Deichsel seinen theatralischen Frankenstein-Mythos in vielen Variationen, hier zelebrierte Joseph Beuys mit Shakespeare und Schimmel eine legendäre Performance beim Festival der »experimenta«, deren Hauptspielstätte das TAT war; und nicht zuletzt machte Rainer Werner Fassbinder mit seiner »family« das TAT zu einem theatralen Unruheherd, dessen Feuer noch bis heute glüht. Wie so viele ist auch dieser Schau-Platz abgerissen, sind seine Funktionen verändert und schließlich ein Opfer städtischer Kulturpolitik geworden.

Gedacht wird auch des Erfinders des Telefons, Johann Philipp Reis aus dem nahen Gelnhausen. Wir erreichen seine

1911 von Friedrich Hausmann, dem damals bedeutendsten Bildhauer Frankfurts, im Jugendstil kreierte Gedenkstätte, wenn wir am metropolen Lichtspielhaus halbrechts in den nächsten Anlagen-Abschnitt einbiegen. Am Eingang dieses Parkteils erinnert eine in Stein gehauene Szene an die erste Vorführung des Fernsprechapparats im Physikalischen Verein am 26. Oktober 1861. Die Übertragung des Testsatzes »Das Pferd frißt keinen Gurkensalat« funktionierte recht gut; trotzdem hielten die Zeitgenossen Philipp Reis' Erfindung für einen Scherzartikel.

Wir befinden uns nun in der Eschenheimer Anlage und können wenige Meter weiter noch einige der raren erhaltenen architektonische Zeugnisse aus der Mitte des 19. Jahrhunderts bewundern, der Zeit des romantischen Klassizismus – rechts in der Krögerstraße die Häuser Nr. 11 und 9 sowie 2, und schräg gegenüber, auf der anderen Seite der Anlage in der Blumenstraße 2 das originelle »Maurische Haus«: Beispiele dafür, wie es hier vor 150 Jahren wohl einmal ausgesehen haben mag.

Auf unserer Frankfurter Ehrenrunde wird vorerst nur noch ein Mann herausgestellt: der Pfarrer, Pädagoge, Politiker und erste wissenschaftliche Stadtgeschichtsschreiber Anton Kirchner. Seine Büste finden wir, nach Überquerung der Petersstraße, auf einem hohen Sockel, gestiftet von »dankbaren Mitbürgern« zum 100. Geburtstag 1879. Selbst der kritische Goethe nannte den beredsamen und vielfältig tätigen Theologen einen »Lichtkopf«, der allerdings über sein stattliches Werk hinaus noch einiges andere zustande gebracht hätte, wenn der dazugehörige Leib nicht so dick gewesen wäre. Wie dem auch sei – allein mit der auf zwei Bände gediehenen *Geschichte der Stadt Frankfurt am Main* und den ebenfalls zweibändigen *Ansichten von*

Frankfurt am Main, der umliegenden Gegend und den benachbarten Heilquellen hat sich Anton Kirchner sein schattiges Plätzchen im Anlagenring verdient. Und die Musik dazu macht Engelbert Humperdinck: Im vierten Stock des braunen Eckhauses Nr. 14, das halblinks vom Denkmal durch die Bäume schimmert, soll *Hänsel und Gretel* entstanden sein – nach einem Märchenspiel von Adelheid Wette, der Schwester des Komponisten.

Ach ja, der Spaziergänger wird nun vielleicht etwas ungeduldig. Er sucht die Künste auf seinem Weg, macht aber zuvor noch die Bekanntschaft mit einem Bankier, der allerdings viel für die Künste übrig hatte. Denn eilt er nun die Eschenheimer Anlage nach rechts hinunter, und überquert er am martialischen Marmorwürfel des Hessendenkmals die Friedberger Landstraße, kommt er am Beginn der nächsten Anlage in die ehemalige Welt des neben den Rothschilds bekanntesten Frankfurter Bankiers, Simon Moritz Bethmann. Der hatte ab 1807 hier nicht nur Häuser gebaut, den Park und den Weiher anlegen lassen, sondern auch als kunstsinniger Bürger auf der kleinen Anhöhe am Weiher 1811/12 einen kleinen klassizistischen Pavillon errichtet, in dem er seine Sammlung antiker Skulpturen unterbrachte. Europaweit bekannt geworden und Ziel nicht nur von Kunstpilgern ist dann eine Marmorskulptur geworden, die *Ariadne auf Naxos*, die Johann Heinrich Dannecker in seinem Auftrag geschaffen hat. Später kaufte die Stadt das Gelände zurück, schlug es zu den Wallanlagen, und Ariadne zog 1856 um in ein Tempelchen im benachbarten Bethmannpark, das als »Adrianeum« berühmt wurde. Das Tempelchen wurde im Zweiten Weltkrieg zerstört, Ariadne aber ist auch heute noch zu bewundern – wir werden sie auf dem fünften Spaziergang besuchen. Bethmanns

Pavillon am Weiher wurde ein in Frankfurt beliebter Treffpunkt, sei es als »Kursaal Milani«, als »Café-Restaurant Odeon« oder als Diskothek unter wechselnden Namen. Bethmanns Büste links am Weiher weist auf den Bethmannpark hin, der, jenseits der beginnenden Berger Straße gelegen, einen Abstecher wert ist. Aber nicht ein ehemaliges Landhaus der Bethmänner ist unser Ziel hinter der Mauer – sondern ein original Chinesischer Garten, den die Volksrepublik China vor Jahren der »global city« vermachte.

Zurück in die Frankfurter Geschichte der Wallanlagen am Bethmannschen Weiher, danken wir dem dort sitzenden Stadtgärtner Rinz für die schöne Bepflanzung, verweisen aber gleichzeitig auf eine der kleinen Gassen jenseits der verkehrsreichen Seilerstraße, nämlich die Heiligkreuzgasse, wo sich 1988 in einem ehemaligen Gebäude der Heilsarmee der »Tigerpalast« etablierte, ein vom ehemaligen Sponti Johnny Klinke, von Margareta Dillinger und dem Kabarettisten Matthias Beltz gegründetes weltstädtisches Varieté. Wie Karikatur und Satire hat auch das Kabarett in der »Stadt des Geldes und des Gelächters« (Robert Gernhardt) einen guten Nährboden: wir werden noch bei dem 1950 gegründeten Kabaretttheater »Die Schmiere« im Karmeliterkloster vorbeikommen, wir gedenken des frühverstorbenen Conny Reinhold mit seinem Resistenztheater »Die Maininger«. Und später waren die Auf- und Umbrüche in den siebziger Jahren der Humus für das Karl Napp's Chaos Theater von Matthias Beltz, Klaus Trebes (der spätere Meisterkoch), Hendrike von Sydow und Dieter Thomas, Hilde Wackernagel u. a., mit Programmen wie *Ei was strahlt denn da?* über Atomkraftwerke (1976) oder *Das Polizeifest* über den »Polizisten als Bullen, Menschen und Nachbarn« (1979). Dann wandelte sich das Chaos-Theater zum »Vorläufigen Frankfurter Fronttheater« mit der Wunderwaffe *Freak und Frieden*, um Anfang der achtziger Jahre zu bilanzieren: »Parmesan und Partisan: Wo sind sie geblieben? Parmesan und Partisan: Alles wird zerrieben.« Zu den einst alternativen Projekten muß man auch das Frankfurter Kurorchester zählen, gegründet von dem zwischen U- und E-Musik changierenden Cellisten Frank Wolff und der Pianistin Anne Bärenz, auch Alfred Harth war dabei und Heiner Goebbels. Heute gibt es Comedy-Duos auf gut hessisch, die heißen »Badesalz« oder »Mundstuhl«, und es gibt den vielseitigen und virtuosen Brettl-Schauspieler Michael Quast.

Beenden wir diesen kleinen Abstecher von den Wallanlagen wie von den klassischen Gefilden, und nähern wir uns wieder – über das östliche Ende der Zeil gehend – dem hehren Boden der Literatur. Denn hier, am Allerheiligentor, wo die lange Straße nach Hanau anfängt, wohnen Wilhelm Raabes komische Helden in der Erzählung *Eulenpfingsten*. Ein kleiner Streit unter guten Nachbarn bringt da einige Unruhe in die spätbiedermeierliche Idylle am Rande der Stadt, doch der segensreiche Einfluß einer handfesten Tante aus Amerika stellt die alte Ordnung alsbald wieder her. Der Ort der Handlung, liebevoll geschildert, ist noch spürbar; nur die Gegend hat sich etwas verändert:

»Sie stiegen nunmehr in die kühle, angenehme Wohnung des Herrn Rathes hinauf, und sofort trat Tante Lina, auf deren Stirn jetzt das Abendroth wirklich in sehr ernstem Sinne glühte, auf den Balkon, warf einen prüfenden Blick nach rechts und links in die Hanauer Landstraße und auf das zierliche Haus hinter dem niedrigen eisernen Gitter gegenüber. Es interessirte sie doch sehr. Über das Gitter wuchs und hing dichtes maigrünes Gebüsch, und hinter dem Busch stand der Nachbar Nürrenberg im langen grünen Schlafrock und hatte die erloschene Pfeife an den Strauch gelehnt. Gespannt vigilirte er seit dem Vorfahren der Droschke auf die Fenster des Nachbars Nebelung. Jetzo erblickte er die Tante auf dem Balkon und sah, wie sie sich graziös über die Balustrade beugte. ›Da ist sie also!‹ murmelte er, und hastig tief in die Tasche seines Schlafrocks greifend, riß er ein Opernglas hervor und starrte auch da hindurch. ›Hm‹, sagte er ›eine gediegene, eine würdige Persönlichkeit. Gut gearbeitetes Deckblatt. Ei, ei, hm, hm, es ist mir doch unangenehm, daß diese Meinungsverschiedenheit gerade heute zu Tage treten mußte. Und was konnte ich dafür? Nun, zum Teufel, hätte der leidige Satan nicht bereits die ganze Dynastie geholt, so würde ich sie ihm in diesem Moment zu schleuniger Berücksichtigung anempfehlen.‹«

Der bedächtige Text mag uns nun in die Lage versetzen, das letzte Stückchen des Anlagenrings in Ruhe zu genießen. Man trifft im Weiterschreiten noch auf zwei gelehrte Schriftsteller: Arthur Schopenhauer und Gotthold Ephraim Lessing. Ein jüdischer Bürger der Stadt, Herz Haymon Goldschmidt, hatte das Denkmal im Jahr 1881 zum 100. Todestag Lessings gestiftet – aus Verehrung für den Dichter des *Nathan*, der mit seiner Parabel ein Zeichen für Toleranz gegenüber den Juden in Deutschland setzte. Die Büste Lessings, der mit Frankfurt nichts im Sinn hatte, ist inzwischen von seinem Ausweichquartier im Grünen auf die verkehrsumtoste Insel der neuen alten Stadtbibliothek am Main zurückgekehrt, wo sie bis 1944 stand. Jetzt blickt Lessing auf eine Brücke, die nach Ignatz Bubis, einem Nathan nach dem Holocaust, umgetauft wurde.

Arthur Schopenhauer hatte sich gerade diese Stadt nach langem Überlegen als Lebensraum ausgesucht und schließlich fast dreißig Jahre hier gewohnt. Die Gründe, die – gegen die Alternative Mannheim – für Frankfurt sprachen, schrieb er in Englisch auf den Deckel eines Rechnungsbuchs: »Gesundes Klima. Schöne Gegend. Annehmlichkeiten großer Städte. Abwechslung großer Städte. Besseres Lesezimmer. Das Naturhistorische Museum. Besseres Schauspiel, Oper und Konzerte. Mehr Engländer. Bessere Kaffeehäuser. Kein schlechtes Wasser. Die Senckenbergische Bibliothek. Keine Überschwemmungen. Weniger beobachtet. Die Freundlichkeit des Platzes und seiner ganzen Umgebung. Du bist uneingeschränkter und weniger mit Gesellschaft behelligt, die der Zufall, nicht deine Wahl dir gibt, und hast die Freiheit, dir mißliebigen Umgang abzuschneiden und zu meiden. Ein geschickter Zahnarzt und weniger schlechte Ärzte. Keine so unerträgliche Hitze im Sommer. Das Physikalische Kabinett.«

Die Büste des Philosophen, der, wie wir sehen, im Umgang kein einfacher Mann war, steht heute an der südlichen Spitze des Rechneiweihers, ein paar Schritte entfernt vom Grab Jakob Guiolletts, dem Schöpfers der Wallanlagen. Hier ging er oft spazieren, um mit seinen Gedanken allein zu sein, ja, hier wanderte er sogar noch lange nach seinem Tod auf geheimnisvolle Weise herum. Denn ursprünglich, das heißt 1895, war das Denkmal von Friedrich Schierholz am anderen Ende des Teichs aufgestellt worden, mit einem Sockel, an dessen Fuß eine Sphinx genauso grimmig wie der Privatgelehrte oben auf eine Menschheit guckte, die ihre eigenen Rätsel nicht lösen kann. Aber plötzlich, 1951, verschwand die Bronzebüste mit dem überdimensionalen, von einem stattlichen Haarkranz eingefaßten Denkerhaupt in der Nacht zum 14. März. In einem Keller fand die Polizei sie später; am neuen Ort, ohne den sphinxgeschmückten Sockel, wurde sie 1952 wieder aufgestellt. Ein Diebstahl von Liebhabern? Kaum zu glauben bei der deutlich vorgelebten Misanthropie des Philosophen.

Schopenhauer liebte die Frankfurter nicht, und auch an Frankfurt schätzte er nichts so sehr wie die Ruhe, die man ihm ließ. Wenn sie gestört wurde, konnte er grimmig werden – wie in dem Aufsatz *Über Lärm und Geräusch*, der in dieser Stadt entstanden ist: »Nunmehr aber ... habe ich als den unverantwortlichsten und schändlichsten Lärm das wahrhaft infernale Peitschenklatschen in den hallenden Gassen der Städte zu denunzieren, welches dem Leben alle Ruhe und alle Sinnigkeit benimmt. Nichts gibt mir vom Stumpfsinn und der Gedankenlosigkeit der Menschen einen so deutlichen Begriff wie das Erlaubtsein des Peitschenklatschens. Dieser plötzliche, scharfe, hirnlähmende, alle Besinnung zerschneidende und gedankenmörderische Knall muß von jedem, der nur irgend etwas einem Gedanken Ähnliches im Kopfe herumträgt, schmerzlich empfunden werden; jeder solcher Knall muß daher Hunderte in ihrer geistigen Tätigkeit, so niedriger Gattung sie auch immer sein mag, stören: dem Denker aber fährt er durch seine Meditationen so schmerzlich und verderblich wie das Richtschwert zwischen Kopf und Rumpf. Kein Ton durchschneidet so scharf das Gehirn wie dieses vermaledeite Peitschenklatschen: man fühlt geradezu die Spitze der Peitschenschnur im Gehirn, und es wirkt auf dieses wie die Berührung auf die Mimosa pudica, auch eben so nachhaltig. Bei allem Respekt vor der hochheiligen Nützlichkeit sehe ich doch nicht ein, daß ein Kerl, der eine Fuhr Sand oder Mist von der Stelle schafft, dadurch das Privile-

Die Literatur und ihr neues Haus: die Alte Stadtbibliothek

gium erlangen soll, jeden etwa aufsteigenden Gedanken in sukzessive zehntausend Köpfen (eine halbe Stunde Stadtweg) im Keime zu ersticken. Hammerschläge, Hundegebell und Kindergeschrei sind entsetzlich; aber der rechte Gedankenmörder ist allein der Peitschenknall.«

Guter Schopenhauer. Was würde er heute sagen, wenn er mit uns von seinem Denkmal aus die paar Schritte zum Main hinunterginge, wo der Verkehrlärm an der Brücke kaum mehr einen Gedanken zuläßt? Hätte er überhaupt noch einen Blick für die alte Stadtbibliothek, die aus den Ruinen der 1944 zerstörten neu erstanden ist und hinter deren »Portikus« bis zum Wiederaufbau 2002 eine international renommierte Kunsthalle gleichen Namens betrieben wurde, die von Kaspar König initiierte avantgardistische Dependance der Städelschule?

Sie war in gewisser Weise eine Fortsetzung dessen, was von den frühen sechziger Jahren bis in die achtziger mit der Zero-Kunst, dem Informel, den Happenings und der Minimal Art bis hin zum Fluxus die Frankfurter Kunstszene bewegte. Unübersehbar in diesen Jahren waren der Frankfurter Künstler Thomas Bayrl, der die Masse des Immergleichen in seriellen Kompositionen bannte (Maggi und Autos zum Beispiel) und der zwischen Theater & Kritischer Theorie, Bildender Kunst und experimenteller Literatur operierende Ästhetikprofessor Bazon Brock, der seine »Kopfstandzeit« von 1959 bis 1966 hauptsächlich in Frankfurt verbrachte. Ein Höhepunkt sicherlich ihre zum »Bloomsday« 1963 erschienene »Bloom Zeitung«, eine »Bild«, in der die Substantive durch »Bloom« ersetzt wurden. Der »Portikus« wurde dann 1987 konsequent mit einer Ausstellung von Dieter Roth eröffnet und war mit seinen zwei Containern ein herber Kontrast zum säulenbestandenen Entree der verschwundenen Bibliothek. Wir werden ihn sehr verändert bei unserer 6. Tour auf einer Insel wiederfinden.

Heute blicken wir wieder auf die klassizistische Pracht der durch private Stiftungen rekonstruierten Stadtbibliothek von 1825, auch damals bereits ermöglicht durch das Testament des Verlegers und Druckers Johann Karl Brönner und gebaut vom Stadtbaumeister Johann Friedrich Christian Hess. Porzellanweiß steht sie gegen den Frankfurter Himmel – und ist doch »nur« eine Kopie, historisch genau im Äußeren nachempfunden und den Bedürfnissen eines modernen Literaturhauses angepaßt im Inneren. Die Stadtbibliothek ist jedoch nicht nur als prägnantestes Zeugnis des Frankfurter Klassizismus in die Architekturgeschichte eingegangen, sondern auch als Verkörperung der zurückerlangten Freiheit von der napoleonischen Herrschaft in die Stadtgeschichte. Dies drückte sich vor allem in der lateinischen Inschrift am Portikus aus: »Studiies libertati reddita – civitas« ließen die Stadtväter da einmeißeln, was Schopenhauer vehement verärgerte, weil die Verunzierung »in vier Worten drei Fehler hat, und fast Küchenlatein heißen könnte«. Erst 1939, lang nach dem Tod des Philosophen, setzte man dessen grammatikalisch eleganteren Formulierungsvorschlag unter den Giebel: »Litteris recuperata libertate civitas – Den Studien (gewidmet von der) der Freiheit wiedergegebenen Stadt«. Immerhin, er könnte sich doch wieder freuen über diesen Ort, der nun mit etwas mehr Recht den Namen »Schöne Aussicht« trägt, und auch darüber, daß die Stadt – neben Sofa und Spazierstock, Brillen und Büchern im Schopenhauer-Archiv – seine Lateinkenntnisse in Ehren hält.

Es ist dies ein für Frankfurt typischer Ort der Kontraste:

hier das feine Haus der Literatur, dahinter das scheußlichste Hochhaus der sechziger Jahre, um die Ecke in der Schützenstraße 12 das Frankfurter Kindertheater im »Theaterhaus«, und schräg gegenüber Hotel und Bar »West-Östlicher Divan« mit dem rotlichtblinkenden Freudenhaus »Sudfaß«, dessen Betreiber sogar einen Literaturpreis der nahe gelegenen »Romanfabrik« finanzierte, die heute in der Hanauer Landstraße zu finden ist; hinter dem »Sudfaß« und der ehemaligen Großmarkthalle beginnen schon bald die Kräne und Industrieanlagen des Osthafens, und gegenüber, auf der anderen Mainseite erheben sich die schicken Punkthäuser der Besserverdienenden und das Colloseum-Bürohaus auf dem ehemaligen Schlachthofgelände – überragt von Hans Kollhoffs goldbespitztem Klinkerturm.

Gegensätze, wohin man blickt. Überhaupt herrscht hier im rauhen Ostend ein ganz anderes Klima als im feinen Westend, ein Klima, das Schriftsteller wie Peter Kurzeck, Jamal Tuschik, Bodo Kirchhoff, Peter Zingler oder Doris Lerche auch in nicht so feine Worte fassen. Aber wer weiß, wie lange der Osten noch Osten bleibt, wenn erst einmal die Europäische Zentralbank in ihren skulpturalen Skyper neben die monumentale Großmarkthalle gezogen sein wird, die – 1926/28 als größtes Bauwerk ihrer Art von dem meisterlichen Martin Elsässer erbaut – fortan mit ihrer Länge von 250 Metern als Bankfoyer dienen soll. Wunderliche Transformationen überall, der ständige Wandel ist die einzige Konstante in dieser Stadt.

Wir haben hier nicht nur eine »Schöne Aussicht«, so heißt auch die Uferstraße mainabwärts, die wir jetzt gehen, vorbei an Adornos Geburtshaus Nr. 9, vorbei auch an Schopenhauers Wohnstätte, Haus Nr. 17, wo er nach sechzehn Jahren auszieht, weil der Vermieter behauptet, er habe fremde Hunde gefüttert, um nebenan in Nr. 16 einzuziehen. Ein halbes dutzendmal ist Schopenhauer seit 1831 in Frankfurt umgezogen, und keines der Häuser, in denen er lebte, hat die Zeiten überstanden. Auch seine letzte Wohnung, im Haus Nr. 16 an der nächsten Brücke, fände er nicht mehr: Ein Bistro beherrscht nun die Ecke an der Kurt-Schumacher-Straße: Ein unauffälliger Hinweis hoch über dem Hauseingang besagt, daß hier Arthur Schopenhauer am 21. September 1860 gestorben sei.

Und es war doch einmal so gemütlich hier. Rudolf G. Binding, der einen Teil seiner Kindheit im Haus der Großeltern, Schöne Aussicht 11, verbracht hat, schrieb immer nur begeistert über Frankfurt, weil er es von seiner schönsten Seite kannte. Noch in seiner Autobiographie *Erlebtes Leben* (1927) schildert er eine behagliche Welt: »Zum Bild des Mains, wie wir es damals von den Fenstern der großelterlichen Wohnung in uns aufnahmen, gehörten auch immer eine Anzahl Angler, die eine ziemlich harmlose Jagd auf kleine Weißfische machten. ... Nun weiß jeder, der die Verhältnisse kennt, daß da vor den Häusern der Schönen Aussicht erst die Straße lief, dann die hohe Ufermauer abfiel, unten dann die Geleise der Mainuferbahn auf einem immerhin erhöhten Damm sich hinzogen, danach der Leinpfad und davor erst die Steine und der Sand des Ufers zu überschreiten waren, um ans Wasser zu gelangen. Aber das kümmerte uns vorerst nicht. Wir machten uns aus einem Stock des Großvaters, einer Schnur und einer umgebogenen Stecknadel ein primitives Angelgerät zurecht, für jeden eines, und angelten zum Fenster hinaus. Ganz folgerichtig betrachteten wir die Menschen auf dem Bürgersteig als die Fische, die sich fangen lassen und anbeißen sollten, und führten also unsere Angelhaken artig und verlockend in Mund- und Nasenhöhe der Vorübergehenden hin und her. Es dauerte nicht lange, als die Klingel ging und der dikke Polizeiwachtmeister erschien: ›Frau Rat! Das geht nit‹, sagte er betreten, ›die Leut‹ beschwer'n sich!‹ Die Großmutter lachte, versprach Abhilfe und wir mußten unsere Angelruten einziehn. Aber wir drängten nun nach dem Main ...«

Nicht so der Spaziergänger: Er wird sich den Fluß zu seiner Linken für die nächste Tour aufheben. Wir halten also, während wir nun nach Überquerung der Kurt-Schumacher-Straße den Mainkai entlanglaufen, den Blick streng nach rechts gerichtet. So entgeht uns der Pfarrturm nicht, der sich plötzlich aus dem nächsten Gäßchen drängt, und direkt unter ihm das Leinwandhaus von 1400, das über die Jahrhunderte immer wieder andere Funktionen hatte: mal war es Tuchlager (die »Frankfurter Elle«, neben dem Eingang im Sandstein verankert, war das Maß aller Dinge), mal Gerichtsstätte und Gefängnis, Bankettsaal der Patrizier, Lazarett napoleonischer Soldaten, schließlich Schlachthaus und Stadtmuseum. Jetzt soll es zur »Caricatura«, zu einem Museum für Komische Kunst, werden. Gegenüber feierte das Gasthaus »Zum Storch« sein 300jähriges Bestehen, zwar nicht mehr in den historischen Mauern, aber immerhin am historischen Ort, »wo einst schon Goethe speiste«. Das komme bei Touristen besonders gut an, erzählt der Wirt der Frankfurter Rundschau, und »Storch auf japanisch, das kann ich schon«: »Konotori« ruft er dann und zeigt auf seinen ausgestopften Vogel.

Weniger wohl zumute war es Schiller, als er sich im Jahr 1782 von Darmstadt nach Frankfurt schleppte, weil er kein Geld für eine Postkutsche hatte. »Leer in Börse und Hoffnung« kommt der damals Dreiundzwanzigjährige im Gasthaus »Zum Storch« an, schreibt »mit gepresstem Gesicht und nicht mit trockenen Augen« einen Brief an den Mannheimer Theaterintendanten Dahlberg und bittet um einen Vorschuß auf ein neues Stück. Die Stelle, an der sich Schiller von seiner anstrengenden Tour im Sachsenhäuser Stadtwald ausgeruht hatte, die »Schillerruhe«, werden wir auf unserem letzten Spaziergang besuchen.

Wir gehen die Saalgasse am »Storch« weiter und bewundern auf der rechten Seite eine Reihe von postmodernen Häusern, mit denen 12 internationale Architekten in den achtziger Jahren des vorigen Jahrhunderts versucht haben, an die ausgelöschte Fachwerk-Altstadt mit modernen Formen zu erinnern. Wir aber gehen nur bis zum Historischen Museum, biegen davor links zum Main hin ab und haben nun rechts vor uns die ehemalige Königspfalz (des »rîches sal« = Saalhof) mit ihrem ältesten Teil, der Saalhofkapelle. Wiederum rechts auf der Mainstraße kommen wir am barocken und romantisierenden Südtrakt des Saalhofes vorbei an die wichtigste mittelalterliche Stadt-Pforte, zum »Fahrtor«. An der Ecke steht noch der spätgotische Wehrturm der ehemaligen Stadtbefestigung, der 1456 erbaute Rententurm, in dem Fritz von Unruh seit 1927 ein »lebenslängliches Wohnrecht« hatte, auf das er freilich unter dem Druck der Nationalsozialisten schon ein paar Jahre später wieder verzichten mußte. Der vom preußischen Garde-Offizier zum wortgewaltigen Pazifisten gewandelte Schriftsteller war mit Frankfurt auf mannigfache Weise verbunden: Einige seiner – immer vom Skandal bedrohten – Theaterstücke wurden hier uraufgeführt, und seine großen Reden, ob zu Goethes neunzigstem Todestag oder zum hundertsten Jahrestag der ersten deutschen Nationalversammlung, gehören zur stolzen Stadtgeschichte.

Vom Rententurm gehen wir ein paar Schritte in Richtung Römerberg, biegen aber gleich links in die Alte Mainzer Gasse ein, wo wir rechts durch einen Torbogen hindurch einen Blick ins Römerhöfchen werfen, einem etwas versteckten, stillen Ort mit einem filigranen Treppentürmchen aus der Renaissance und einem Herkulesbrunnen von 1901. Wieder zurück in der Alten Mainzer Gasse, müssen wir uns links, zum Mainkai hinunter, das Haus »Zum alten Wetterhahn« denken, in dessen Musiksaal Felix Mendelssohn Bartholdy im Jahr 1837 die Hochzeit mit der Pfarrerstochter Cécile Jeanrenaud feierte. Und gehen wir die Gasse weiter, an St.Leonhard vorbei, der zweitältesten und wohl schönsten Kirche der Stadt mit bemerkenswerten romanischen Portalen, stoßen wir rechts alsbald an die gestreifte »Klostermauer« des Archäologischen Museums (mit Funden aus der Frühzeit Frankfurts u. a.), das Josef Paul Kleihues an die alte Karmeliterkirche anbaute.

Wir biegen vor dem Museum nach rechts in die Karmelitergasse ein, sehen schon durch das Gittertor die weitgehend unzerstört gebliebene mittelalterliche Anlage des Karmeliterklosters und den verwunschenen Kreuzgang. Wir erreichen ihn durch den Haupteingang um die Ecke. Dieser Kreuzgang enthielt im Mittelalter das ursprünglich mehr als 100 Meter lange Panorama der christlichen »Heilsgeschichte« des schwäbischen Malers Jörg Ratgeb von 1517, welches mit seinen 540 Quadratmetern das größte vorbarocke Fresko nördlich der Alpen ist, eine illustrierte Bibel von der »Schöpfung« bis zum »Jüngsten Gericht«. Jörg Ratgeb, der sich auf seiten der Aufständischen an den Bauernkriegen beteiligte und auf grausame Weise hingerichtet wurde, hatte zudem den Auftrag, eine »Geschichte des Karmeliterordens« zu malen – »mit dem propagan-

Wundersames mittelalterliches Relikt:
das Karmeliterkloster

distischen Anspruch, jenseits konkurrierender Mönchsorden innerhalb der Freien Reichsstadt für Stiftungen finanzkräftiger Handelsherren zu sorgen« (Hans Schomann). Das große Fresko hat in den vergangenen Jahrhunderten stark gelitten, ist nur in Fragmenten erhalten, wird jedoch von einem polnischen Künstler teilweise rekonstruiert. Weitere Fresken Ratgebs sind im Refektorium des Klosters zu sehen. Wenn wir aber die Augen schließen, mögen wir uns auch vorstellen, wie es war, als am Ende jenes Säkulums der von der Inquisition verfolgte Ketzer und Gelehrte Giordano Bruno bei den Frankfurter Karmelitern vorübergehend Unterschlupf fand. Man druckte in der Stadt seine lateinischen Lehrgedichte, aber dem Mann, von dem selbst Goethe später nicht recht wußte, »wo er eigentlich hinaus will«, begegnete man mit Mißtrauen. Der Verrat blieb nicht aus. In Frankfurt erreichte ihn eine briefliche Einladung nach Venedig; dort steckte man ihn in den Kerker. Am 17. Februar des Jahres 1600 wurde Giordano Bruno auf dem Campo dei fiori in Rom verbrannt.

Wir verlassen das Kloster und biegen links in die Seckbächer Gasse ein, wo wir zu zwei unterirdischen Institutionen kommen, die es hier seit Jahrzehnten gibt und die nicht mehr wegzudenken sind: in dem einen Klostergewölbe spielt *Die Schmiere*, nach selbstgewähltem Superlativ »Das schlechteste Theater der Welt«, in dem anderen lädt der vorwiegend von Schauspielern frequentierte *Künstlerkeller* zu deftigem Speis und Trank ein. Es sind nur noch wenige Schritte zum Ausgangspunkt dieses Spaziergangs, deshalb merken wir uns den gastlichen Keller für eine spätere Einkehr, gehen die Seckbächer Gasse geradeaus weiter bis zu einem spätgotischen Torbogen, der Frauenpforte. Hier, im letzten Winkel der Altstadt und in enger Nachbarschaft zu den Mönchen des Klosters, verpachtete der Magistrat meistbietend ein Bordell, das zu den Kaiserkrönungen Hochkonjunktur hatte. Ähnliches behauptet man heute im Rotlichtviertel am Hauptbahnhof auch von der animierenden Wirkung der Frankfurter Messen. Wir gehen durch die Pforte und denken noch ein wenig nach über die Orte, die die Stadt sozialen Randgruppen einst zugewiesen hatte: hier an der äußersten westlichen Grenze der Stadt das Hurenhaus und im Osten, sogar noch jenseits der Stadtmauer, die Judengasse. »Denn wie der, der das Eine nicht versteht, nichts versteht, so versteht der alles, der wahrhaft das Eine versteht«, schrieb Bruno in seinem wohl wichtigsten Werk *De la causa, principio ed uno*, »und wer sich der Erkenntnis des Einen mehr annähert, kommt auch der Erkenntnis von allem näher.«

Wir sind wieder am Mainufer, gehen nach rechts, überqueren die Neue Mainzer Straße und gehen an einer Reihe von noch erhaltenen großbürgerlichen Gebäuden entlang, die nach der »Demolition« der Festungsbastionen im 19. Jahrhundert entstanden. Das Mainufer wurde zu einem bevorzugten Wohngebiet der besseren Stände, von dem die einstmals berühmte klassizistisch-weiße Uferfront erzählte. Von ihr sind nur noch Reste erhalten, vor einem stehen wir jetzt: dem heutigen Jüdischen Museum. Erbaut hat es 1821 Johann Friedrich Hess. Mitte des Jahrhunderts kaufte es der damals bereits baronisierte Mayer Carl von Rothschild. Den Rothschilds wurde es längst zu eng im angestammten Haus »Zum roten Schild« in der Judengasse, waren sie doch über zwei Generationen zu einem der wichtigsten Bankhäuser Europas geworden und benötigten nun eine entsprechende Adresse. Das Jüdische Museum zeigt, zum Teil noch in den originalen Räumen, auch ein Modell der alten Judengasse. An der ehemaligen Rotschildschen Residenz kommen wir wieder zum Anfang unserer Wanderung zurück, den Wallanlagen mit der städtischen Theaterfestung. Hier ist auch der Ausgangspunkt unseres nächsten Spaziergangs – von »Hibbdebach« nach »Dribbdebach«.

Fünfter Spaziergang
Vom Theater nach Sachsenhausen, am Museumsufer den Main entlang ins Ebbelwei-Viertel und zur Gerbermühle

Willy-Brandt-Platz – durch die Untermainanlage – Untermainkai – »Nizza« – unten am Main entlang – Holbeinsteg – Schaumainkai (bis Museum Giersch) – den Schaumainkai zurück (bis Museum für Angewandte Kunst) – Ecke Schifferstraße – Sachsenhäuser Ufer bis Ignatz-Bubis-Brücke – Elisabethenstraße – Paradiesgasse/Kleine Rittergasse – Klappergasse – Dreieichstraße – Große Rittergasse – Deutschherrnufer – vor der Obermainbrücke zum Fluß hinunter – bis zur Gerbermühle

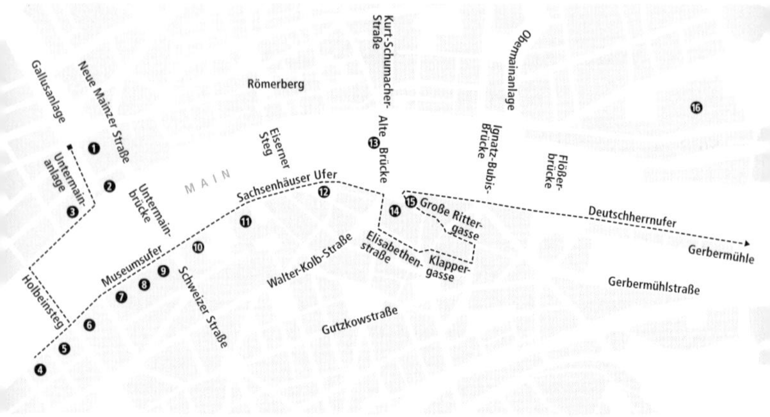

[1] Städtische Bühnen [2] Jüdisches Museum [3] Nizza Café und Anlagen [4] Museum Giersch [5] Liebighaus [6] Städel [7] Museum für Kommunikation [8] Deutsches Architekturmuseum [9] Deutsches Filmmuseum [10] Museum der Weltkulturen [11] Museum für Angewandte Kunst [12] Dreikönigskirche [13] Portikus [14] Deutschordenshaus und Ikonenmuseum [15] Kuhhirtenturm [16] Alte Großmarkthalle mit entstehender Europäischer Zentralbank

Der Frankfurter Hauslehrer Friedrich Hölderlin dichtete sich aus der Stadt hinaus geradewegs nach Griechenland. Als poetisches Transportmittel diente ihm der Main, dem er denn auch ein eigenes Gedicht widmete mit den Versen »doch nimmer vergeß ich dich, / So fern ich wandre, schöner Main! und / Deine Gestade, die vielbeglückten«.

Das nehmen wir gerne auf. Vom Theater aus gehen wir nunmehr nach Süden durch die Untermainanlage direkt zum Fluß, passieren an der Ecke der Oper den Märchenbrunnen Friedrich Hausmanns von 1910, das wunderbarste Jugendstil-Zeugnis der Stadt – obwohl die bronzenen Kinder und Fische und Molche 1941 als »Reichsmetallspende« eingeschmolzen wurden. Sie sind 2006 wiedererstanden – in einer nordkoreanischen Werkstatt. Die weiße Marmornixe obenauf gilt als das Urbild der schönen Frankfurterin; sie zieht uns nun unwiderstehlich hinunter zum Wasser, über die Hofstraße hinweg zum Untermainkai. Dort empfängt uns ein Café-Restaurant mit schöner Veranda namens »Nizza«, und wenn wir an ihm vorbei die Treppe hinabgestiegen sind, wissen wir, warum es so heißt. »Nizza« nennen die Frankfurter ihren subtropisch bepflanzten Garten zwischen Friedens- und Untermainbrücke; hier wachsen Feigenbäume, Lorbeer, Zitronen und Zedern, und wem die Natur nicht alles ist, der hat über den Main hinweg auch den herrlichsten Kunst-Blick: Ein Museum reiht sich drüben ans andere, herausragend immer noch die klassizistische Front des Städelschen Kunstinstituts, über dessen Eingang Albrecht Dürer und Hans Holbein der Jüngere in Sandstein wachen.

Im 19. Jahrhundert gab sich das »Nizza« allerdings nicht ganz so beschaulich. Da war hier die »Mainlust«, einer der »schönsten Belustigungsörter weit und breit« mit Musikpavillons und Lichtspielen, ein Treffpunkt auch der geselligen Vereine: Man promenierte unter schattigen Bäumen, aß und trank en plain air und hatte einen großartigen Blick über die Flußlandschaft. Eine vorgelagerte Insel schuf einen Nebenarm des Flusses, Kleiner Main genannt, darauf luden diverse Badeanstalten zum Bade, vor allem die Anstalt des Herrn Kleeblatt, in der Generationen von Frankfurtern das Schwimmen lernten. Auch Bismarck badete hier, als er von 1851 an für fast zehn Jahre lang Preußens Gesandter im Bundestag war. Um 1860 schüttete man den Kleinen Main zu, es entstanden das Nizza und die Hafenbahn. Aber die Landschaft war nicht weniger attraktiv als heute. Der französische Romantiker Gérard de Nerval, der als Neunzehnjähriger Goethes *Faust* übersetzt hatte und als Dreißigjähriger zum erstenmal in Frankfurt war, ließ in seinen *Empfindungen eines reisenden Enthusiasten* 1838 der Begeisterung freien Lauf: »Von dem eleganten Pavillon, der den Garten beherrscht, bewundert man eine der schönsten Aussichten der Welt. Frankfurt breitet sich auf dem linken Ufer aus, mit seinen Kais, die von einem Wald von Masten gesäumt sind, und rechts die Vorstadt Sachsenhausen, die eine gewaltige Brücke mit der Stadt verbindet; Paläste mit freundlichen Terrassen, lange Reihen von Gärten und Reste von alten Türmen verschönern die Ufer des Flusses, in den die Abendsonne wie ins Meer eintaucht, während die Kette des Taunus in der Ferne mit bläulichen Zacken den Horizont abschließt. Das ist einer dieser schönen und vollkommenen Eindrücke, an die man sich ewig erinnert; eine alte Stadt, eine herrliche Landschaft, eine weite Wasserfläche – das ist ein Schauspiel, das in einer wunderbaren Harmonie alle Werke Gottes, des Menschen und der Natur vereint.«

Der kunstliebende Spaziergänger begnügt sich natürlich nicht mit dem Panorama, er sucht die Nähe der Details. Er folgt also dem Gleis der alten Hafenbahn stromabwärts bis zur nächsten Fußgängerbrücke, dem kühn geschwungenen Holbeinsteg, überquert den Fluß und betritt das Museumsufer. Nein, er besucht nicht gleich das Städel direkt vor ihm, sondern wendet sich auf dem Schaumainkai erst nach rechts bis zur Nummer 83, wo ein kunstsinniger Kaufmann aus einer großbürgerlichen Villa das »Museum Giersch für regionale Kunst« machte, in dessen Zentrum die Freilichtmalerei der Kronberger Malerkolonie in der zweiten Hälfte des 19. Jahrhunderts steht, u. a. die von Anton Burger oder Otto Scholderer. Wir gehen ein paar Schritte zurück bis zur Nummer 71, wo hinter der hundertjährigen Villa des Barons von Liebieg das nach ihm benannte »Liebieghaus. Museum alter Plastik« mit altägyptischen Mumiensärgen und mittelalterlichen Madonnenbildnissen aufwartet. Und hier hat auch eine Dame Platz gefunden, die einmal Frankfurts berühmtestes Kunstwerk war: Heinrich Danneckers aus carrarischem Marmor gehauene »Ariadne auf dem Panther«, der wir bereits auf unserem vierten Spaziergang im kleinen Parkmuseum des Bankiers Bethmann begegneten. Sie

wurde sehr schnell unerhört populär und gehörte zu den Sehenswürdigkeiten, die die Fremden nach Frankfurt zog. Durch insgesamt fünf Vierteljahrhunderte, von 1816 bis zum Zweiten Weltkrieg, seien Zehntausende von Besuchern zu ihr gezogen, den Reiseführer in der Hand (»von 11 bis 13 Uhr, Eintritt frei, falls geschlossen, beim Pförtner schellen, kleines Trinkgeld«), so steht es bei Walter Gerteis, wobei letzteres sich wohl auf das Adrianeum des Herrn von Bethmann, nicht auf das Liebieghaus bezogen haben dürfte. Wie damit aber auch die Trademark des Bankhauses Bethmann gestärkt worden ist, berichtet Eugène Guinot: »Alle Fremdenführer, alle Kellner, alle Jungen, die den Fremden ihre Dienste anbieten, tragen Bethmanns Namen im Munde. Wollen Sie zu Herrn Bethmann gehen, die Ariadne sehen? heißt es überall. Das ganze reiselustige Europa ist hier schon vorbeigekommen und hat seinen, Bethmanns Namen, kennengelernt. Es gibt keinen volkstümlicheren im Deutschen Bund.«

Nicht alle waren dann rundum begeistert. »Gott weiß, daß ich die Magerkeit nicht liebe und die Nacktheit nicht hasse«, schrieb Wilhelm von Humboldt kurz nach der Vernissage an seine Frau Caroline, »aber die Ariadne ist zu dick und zu nackt.« Ganz anders freilich empfand, dreizehn Jahre später, Robert Schumann das korpulent besetzte Raubtier. Der junge Mann aus Zwickau, auf der Durchreise zum Jurastudium in Heidelberg bei der Schönen im Bethmannpark eingekehrt, schrieb voll Entzücken am 25. Mai 1829 an seine Mutter: »Ariadne auf Naxos! Dannecker! – – Denke Dir das schönste, höchste Ideal einer Frau, die stolz und leicht und mit dem Gefühl der eigenen Würde und Schönheit ein schäumendes Pantherthier unter ihren Händen zähmt; das Panther scheint widerstehen zu wollen, aber es schmiegt sich sanft an ihren Händen auf und sie blickt stolz und mit gehobenem Haupte zum Himmel. Wie schön ist das Sinnbild, daß die Schönheit Alles, auch die wildeste Kraft, zähmt und fesselt! Der Marmor ist milchblau und der schönste kararische – sie steht in einem mit verschiedenen Vorhängen verdunkelten Gemache; die Sonne schien gerade auf das blendende Roth und der Marmor glänzte wie der durchsichtigste Schneehauch, auf dem eine himmlische Morgenröthe sich abspiegelt. – Genug davon; beschreiben kann man so etwas gar nicht; nur sehen und nur fühlen.« War es ein Wunder, daß sich Robert Schumann hier vom Weiblichen hinanziehen ließ? Clara Wieck, die Tochter seines Klavierlehrers in Leipzig, war schließlich erst neun Jahre alt. Hätte sie den Brief gekannt, hätte sie den ins Vollschlanke verliebten Hochromantiker, der kurz nach seinem Frankfurter Erlebnis das Jurastudium zugunsten der Musik aufgab, vermutlich nicht geheiratet.

Wer sich glücklich getrennt hat von Ariadne und dem Panthertier, wer auch verzichtet auf die *Athena des Myron* und das spätgotische *Bärbele von Ottenheim* und alle anderen Kostbarkeiten dieses Museums mit europäischen Plastiken von der Antike bis zum Klassizismus, der bleibt nun oben auf der Straße, wo ihn die geballte Kultur für eine Weile nicht mehr losläßt. Wir gehen also vom Liebieghaus auf dem Schaumainkai zurück, überqueren die Rembrandt- und die Holbeinstraße und stehen wieder vor dem Städel. Auch das Städelsche Kunstinstitut ist, wie so vieles andere in Frankfurt, eine Stiftung, gegründet von dem als kunstsinnig und bescheiden gerühmten Bankier Johann Friedrich Städel, den Goethe »Dekan aller hier lebenden Kunstfreunde« nannte. Er machte bereits Anfang des 18. Jahrhunderts

J. H. W. Tischbein, Goethe in der römischen Campagna

seine Sammlung von fast 500 Gemälden und 123 Grafiken zum Grundstock eines Museums, zu dessen Administration zeitweilig auch Clemens Brentano und Achim von Armin gehörten. Hier finden wir selbstverständlich Tischbeins *Goethe in der römischen Campagna* und das berühmte *Paradiesgärtlein*, altdeutsche Altarbilder von Holbein und Grünewald (zum Teil aus Frankfurter Kirchen), die wundersame *Lucca-Madonna* von Jan van Eyck und Botticellis *Simonetta Vespucci.* Hier finden wir die Stilleben des Frankfurter Malers Georg Flegel sowie den *Kreuzaltar* des ebenfalls aus Frankfurt stammenden Adam Elsheimer, kurz: weltberühmte Kunstwerke aus sieben Jahrhunderten, von Dürer bis Uecker, Vermeer bis Richter, Rembrandt, Tiepolo, Rubens, Renoir, Picasso und Botero hängen in diesem ehrwürdigen Mutterhaus des Museumsufers – und erwartungsgemäß findet man hier auch Hans Thomas *Die Oed* und Ernst Ludwig Kirchners bekanntestes Frankfurter Gemälde, den *Westhafen in Frankfurt*, der in natura ja nur eine Autobrücke hinter uns liegt. Wenn auch das Städel sich quantitativ nicht mit den hauptstädtischen Museen in Berlin, Paris oder Madrid messen kann, so ist diese Sammlung europäischer Malerei so exquisit, daß dem Spaziergänger in nur wenigen Stunden ein Überblick mit fast ausnahmslos Spitzenwerken geboten wird. Er wird diese Gelegenheit ein andermal wahrnehmen müssen, denn wir gehen am Museumsufer weiter, überqueren die Dürerstraße und kommen am Museum für Kommunikation, am Architektur- und am Filmmuseum vorüber. Die Namen sagen bereits alles über ihren Inhalt aus: Es sind die zentralen deutschen Museen über die Geschichte der Kommunikation, des Post- und Fernmeldewesens (die europäische Postzentrale befand sich jahrhundertelang bei den Thurn und Taxis nahe der Hauptwache); über internationale Architektur (in einer von Oswald Maria Ungers raffiniert zu einem ›Haus im Haus‹ umgebauten Doppelvilla) sowie über *alles* zum Film, von technischen Apparaturen bis zu einer Sammlung von Fotos, Plakaten, Filmen, einer Spezialbibliothek – und natürlich einem schönen Lichtspielhaus. Wenn wir den Museen den Rücken zudrehen und unter die Platanenallee gehen, haben wir von hier aus je nach Wetter einen lichterfüllten oder wolkenverhangenen Blick auf die Skyline der Hochhäuser, die manchen inzwischen vergessen lassen, was die Zerstörungen des Krieges (und der folgenden Jahrzehnte) an der historischen Substanz der Stadt angerichtet haben. Die neuen Geldtürme sind heute ihre Wahrzeichen, so wie es im Mittelalter die Kirchen und Wehrtürme waren.

Hier an der Untermainbrücke überqueren wir die Schweizer Straße, wo in dem Backsteinhaus mit der Nummer 3, neben dem Café-Restaurant an der Ecke, Max Beckmann von 1916 bis 1933 lebte. Eine Gedenktafel erinnert an den Maler und Grafiker, der als Lehrer an der Städelschule arbeitete und das Frankfurt seiner Zeit in vielen Bildern festhielt. Auch das *Nizza* gegenüber hat er gemalt und den *Eisernen Steg* schräg hinter seiner Haustür. Das 1919 entstandene Ölgemälde *Die Synagoge* vom alten Börneplatz wurde erst 1972 von den Frankfurtern erworben – in einer erstaunlich erfolgreichen Spendenaktion für das Städel.

Als Beckmann nach Frankfurt kam, mitten im Ersten Weltkrieg, schrieb Horst Wolfram Geißler, damals ein sehr beliebter Unterhaltungsromancier, seine Frankfurter Vormärzgeschichte *Der letzte Biedermeier*. Wenn wir den Schaumainkai weitergehen, mögen wir an ihn denken. Die Straße liegt nun etwas höher, der Fluß daneben ist in voller Breite zu überschauen, vom andern Ufer grüßt der neue Riesenturm der Commerzbank herüber. Der Roman aber beginnt so: »Es war einmal in Frankfurt, das sich in heiterer Fröhlichkeit an den sanftgebogenen Main hinschmiegte; der war von seiner langen Reise müde geworden, noch weiter sein krauses Band um die deutschen Wälder und Berge zu winden, und glitt nun in ruhiger Fülle durch das wiesige Land, trug träumend breite Kähne mit sich und floß behäbig durch den Sonnenschein. Wiesen, Wiesen, Wiesen! Auch wohl einmal ein Saum von Erlen, die sich im Wasser spiegelten; und ein freundlich rotes Dach hinter blühenden Apfelbäumen. Aber dann traten wieder die weiten grünen Flächen an das Ufer heran. Und über all der wohligen, summenden Weidestille flimmerte ein goldblauer Himmel.«

Ja, diese Idylle sollte man heute am besten ausstellen: im Museum für Völkerkunde, das wir gerade passieren und das heute Museum der Weltkulturen heißt, gerade richtig in einer Stadt mit 188 Nationen, oder im Museum für Kunsthandwerk gleich daneben, das mit Museum für Angewandte Kunst (MAK) ebenfalls einen neuen Namen erhalten hat. Ersteres hat freilich immer noch die größten Raumprobleme, es weiß nicht einmal wohin mit seinen 70 000 eigenen Objekten aus Afrika und Indonesien, Australien und Amerika; die meisten Schwirrhölzer, Kopfjäger-Masken und bemalten Büffelhäute lagern im Depot. Also ab mit unserm Biedermeierbildchen ins gigantische MAK, das der amerikanische Starbaumeister Richard Meier Anfang der achtziger Jahre der klassizistischen Villa Metzler als einen lichten Traum in Glas und Stein angefügt hat – und zwar indem er die Proportionen der bürgerlichen Villa als Maßstab für die drei miteinander verbundenen Kuben des neuen Hauses nahm. Das 1877 gegründete Museum ist eines der bedeutendsten internationalen Museen seiner Art, es umfaßt Sammlungen verschiedener Kulturen, vor allem das europäische Kunsthandwerk vom 12. Jahrhundert bis heute.

Wer von hier aus rechts in die Schifferstraße einbiegt und rechts in der Mauer des Museums-Parks ein viereckiges Guckloch entdeckt, hat einen verblüffenden point de vue durch Häuser und Park bis zum fernen Brunnen, eine architektonische Spielerei Richard Meiers, gewiß, aber eine mit Witz. Und wer will, kann dann noch die Schifferstraße ein paar Meter weitergehen bis zur Oppenheimer, wo an der Ecke zur Stegstraße (Nr. 29) ein grünlicher Reihenhausblock steht. Eine Bronzetafel mit Porträtrelief erinnert an Karl Gutzkow, einen der Wortführer des »Jungen

Angewandte Kunst: die alte Villa Metzler – und daneben
der Neubau von Richard Meier

Deutschland«, der hier seine letzte Frankfurter Wohnung fand und am 16. Dezember 1878 bei einem durch eine Kerze verursachten Brand das Leben verlor. Er war schon 1835 als junger Redakteur nach Frankfurt gekommen; im selben Jahr erschien sein exzentrischer Frauenroman *Wally, die Zweiflerin* und brachte den Autor erst einmal ins Gefängnis. Später wurde aber selbst dieser gern provozierende Schriftsteller etwas friedlicher. Dem Anschein nach wenigstens.

Dieser Abstecher zu Gutzkow sei für den, der ihn unternehmen will, weniger aus Interesse für dessen heute vergessene Romane und Dramen unternommen, als vielmehr aus Respekt für einen wahrlich unruhigen und kritischen Geist. Wir sind jetzt wieder am Mainufer, am Eisernen Steg, der seit 1868 an dieser Stelle über den Main führt, ein 165 Meter langes Wahrzeichen, dessen stattliche Baukosten in Höhe von 250 000 Goldmark sich die tüchtigen Bürger in sechzehn Jahren durch eine Maut selber hereinliefen: Einen Heller kostete damals der einfache Weg von Hibb de Bach nach Dribb de Bach – wobei es die Städter rechts des Mains gegenüber den Dörflern links des Mains fügten, daß »hüben« immer auf der Frankfurter Seite liege und »drüben« auf der Sachsenhäuser. Es kommt eben immer auf die Perspektive an.

Wir spazieren weiter den Main aufwärts, vorbei an der Dreikönigskirche, jahrzehntelang das Konzerthaus des berühmten Organisten Helmut Walcha und der Frankfurter Kantorei unter ihrem Dirigenten Kurt Thomas, und nähern uns jetzt der Insel und der Alten Brücke, die 1222 zum ersten Mal erwähnt wurde, aber – nicht nur der Sage von der weißen Hirschkuh nach – noch viel älter sein muß. Ohne diese Brücke wäre Frankfurt nie Frankfurt geworden. Sie war über Jahrhunderte die wichtigste Verbindung zwischen Norden und Süden, und sie hat, so sagte man, »einen Heiligenschein aus Sage und Geschichte«. An ihren Enden standen einst mächtige Brückentürme, auf ihr Kapellen und kleine Blockhäuser und der legendäre »Brickegickel«, ein Kruzifix mit einem goldenen Hahn, der den Schiffern nicht nur die tiefste Stelle im Main anzeigen sollte. Hier ertränkte man die zum Tode Verurteilten und warf nachts die Leichen der Selbstmörder ins Wasser. Den Hahn gibt es noch, aber sonst ist nicht viel übriggeblieben von dem früher wohl wichtigsten und belebtesten Ort der alten Stadt. Inzwischen steht wieder ein Haus auf der Insel neben der Brücke; es ist – wie sollte es am »Museumsufer« anders sein? – ein weiteres Museum, der »Portikus«, der seine Container unter dem Säulengiebel der alten Stadtbibliothek verlassen mußte und 2006 in dem spitzgiebeligen Haus von Christoph Mäckler auf der Insel ein neues Domizil gefunden hat. Ihm soll auf der östlichen Seite der Brücke noch ein Brückenturm mit Restaurant folgen. Denn hier auf der Brücke breitet sich vor dem Spaziergänger das schönste Frankfurter Panorama aus: es ist eines der beliebtesten Postkartenmotive der »Stadt am Fluß«.

Hier an der Alten Brücke endet (oder beginnt) denn auch die Museumsmeile mit dem Ikonenmuseum im barocken Deutschordenshaus, einer Sammlung von inzwischen über 1000 Bildern, die der Königsteiner Arzt Jörgen Schmidt-Voigt der Stadt vermachte. Und hier beginnt (oder endet) das alte Sachsenhausen, in früheren Zeiten ein Fischerdorf, heute das »Ebbelwei-Viertel«, Frankfurts berühmtester Stadtteil. Bevor wir jedoch unseren strengen Weg der Künste verlassen und uns verführen lassen von einem Schoppen oder mehr, erinnern wir an das stolze Gasthaus »Zu den drei Rindern« gegenüber der Deutschordenskirche in der Brückenstraße, deren Hausnummer 26 es nicht mehr gibt, weil die Kreuzung zu breit wurde, das jedoch einst über dem Eingang zur Wein-Schenke in großen Lettern verkündete: »Hier übernachteten im Jahr 1782 der Dichter Friedrich von Schiller, im Jahr 1790 der Ton-Dichter Wolfgang Amadeus Mozart.« Die Stadthistoriker sind sich heute nicht mehr so sicher, ob die beiden Herren wirklich hier einkehrten; und wenn überhaupt, dann blieben sie nur wenige Nächte, bis sie auf der anderen Seite des Mains ein würdigeres Quartier gefunden hatten. Die Vorstadt war schließlich nicht die Welt, sondern eher ein kurioses Anhängsel – mit seinen eigenen Geschichten freilich. E. T. A. Hoffmann hat im *Meister Floh* eine aufgeschrieben: »Es begab sich, daß ein zartes frommes Schneiderlein zu Sachsenhausen an einem Sonntage gar schön geputzt mit seiner Frau Liebsten aus der Kirche kam. Die Luft war rauh, das Schneiderlein hatte zu Nacht nichts genossen als ein halbes weichgesottenes Ei und eine Pfeffergurke, morgens aber ein kleines Schälchen Kaffee. Wollte ihm daher flau und erbärmlich zumute werden, weil er überdem in der Kirche gar heftig gesungen, und ihm nach einem Magenschnäpschen gelüsten. War die Woche über fleißig gewesen und auch artig gegen die Frau Liebste, der er von den Stücken Zeug, die beim Zuschneiden unter die Bank gefallen, einen propren Unterrock gefertigt. Frau Liebste bewilligte also freundlich, daß das Schneiderlein in die Apotheke treten und ein erwärmendes Schnäpschen genießen möge. Trat auch wirklich in die Apotheke und forderte dergleichen. Der ungeschickte Lehrbursche, der allein in der Apotheke zurückgeblieben, da der Rezeptarius, das Subjekt, kurz, alle übrigen klügeren Leute fortgegangen,

Der Main, die Furt: die Alte Brücke mit dem »Portikus«

vergriff sich und holte eine verschlossene Flasche vom Repositorio herab, in der kein Magenelixier befindlich, wohl aber brennbare Luft, womit die Luftbälle gefüllt werden. Davon schenkte der Lehrbursche ein Gläschen voll; das setzte das Schneiderlein stracks an den Mund und schlürfte die Luft begierig hinunter als ein angenehmes Labsal. Wurde ihm aber alsbald gar possierlich zumute, war ihm, als hätte er ein paar Flügel an den Achseln oder als spiele jemand mit ihm Fangball. Denn ellenhoch und immer höher mußte er in der Apotheke aufsteigen und niedersinken. ›Ei Jemine, Jemine‹, rief er, ›wie bin ich doch solch ein flinker Tänzer geworden!‹ – Aber dem Lehrburschen stand das Maul offen vor lauter Verwunderung. Geschah nun, daß jemand die Türe rasch aufriß, so daß das Fenster gegenüber aufsprang. Strömte alsbald ein starker Luftzug durch die Apotheke, erfaßte das Schneiderlein, und schnell wie der Wind war es fort durch das offne Fenster in alle Lüfte; niemand hat es wiedergesehen ...«

Heute gibt es am Anfang der Brückenstraße keine Apotheke mehr, in der sich ein solch unerhörter Fall zutragen könnte, dafür gibt es »Die Wendeltreppe«, eine Buchhandlung ausschließlich mit Literatur über die Kriminalfälle dieser Welt. Uns interessieren hier vor allem die literarischen Krimis aus der »Hauptstadt des Verbrechens«, die diese Rolle aber in den letzten Jahren abgegeben hat. Aber ebenso wie die *Tatorte* von Film- und Fernsehregisseuren gerne in der vielfältigen Frankfurter Szene angesiedelt werden, haben viele literarische Krimis ihren Schauplatz in der Mainmetropole, angefangen mit dem »Criminal-Roman« *Jezebels Tochter* (1880) vom »Vater des Detektivromans«, dem viktorianischen Schriftsteller Wilkie Collins, weitergeführt mit den genau recherchierten historischen Kriminalromanen von Nikola Hahn *(Die Detektivin, Die Farbe von Kristall)* und Hilal Szegin *(Der Tod des Maßschneiders)* – bis zu den Julia-Durant-Romanen von Andreas Franz, den Mordgeschichten von Susanne Mischke und Cora Stephan, die ihre Frankfurt-Krimis unter dem Pseudonym Anne Chaplet veröffentlicht, oder Thea Dorn, die eigentlich Christiane Scherer heißt und ihr Pseudonym von Theodor W. Adorno herleitet. Die Frankfurter Krimiautoren arbeiten wohl lieber verdeckt: Auch Matthias Altenburg läßt seinen inzwischen berühmten Kommissar Marthaler in den Romanen von Jan Seghers ermitteln. (Marthaler werden wir auf unserem siebten Spaziergang begegnen.) Wir verlassen jetzt die Buchhandlung, diesen anziehenden Ort des Schreckens, der dennoch seine zahlreichen Liebhaber hat, und wenden uns an der Straßenkreuzung einem vertrauenerweckend standfesten Gebäude zu, der barocken Dreiflügelanlage des Deutschordenshauses. Als der Bau noch nicht so bombastisch war, Ende des 14. Jahrhunderts, schrieb hier ein unbekannter Priester jene mystische Anleitung zur Vollkommenheit, die Martin Luther später als *Theologia deutsch* höchst erfolgreich unter die Protestanten brachte. Heute befinden sich hinter dem 1965 wiederaufgebauten Gemäuer nur noch das städtische Kulturamt und das Ikonen-Museum. Aber wir sind auf dem rechten Weg, wenn wir kurz vor dem Ordenshaus in die Elisabethenstraße gehen und dann gleich nach links in die Paradiesgasse einbiegen. Das Paradies, das sich hier, wiederum rechts, mit der Kleinen Rittergasse ankündigt, ist allerdings nicht der Garten Eden, sondern jene Insel der seligen Apfelweintrinker, auf der sogar der gefürchtete Theaterkritiker Alfred Kerr einmal landete, als er sich in Frankfurt langweilte: »Die innere Stimme spricht: Geh' nach Sachsenhausen …

Jetzt, am freundlichen Morgen, lachten die winkligen Gäßchen lebfrisch, hoffnungsvoll ins Dasein, vor vielen Häuselchen hing ein grüner Kranz, und auf handgeschriebenen Zetteln war ›Süßer‹ verkündet. Es stand einfach da: Süßer. Das heißt, in Anbetracht der Gegend, Äppelwoi oder Ebbelwei. Vielmehr: Apfelmost. Das Wasser ließ im Munde nicht nach, zusammenzulaufen; das Wasser rauschte, das Wasser schwoll. Unter einem grünen Kranz schritt ich hindurch (es war auch ›Eigene Metzgerei im Haus‹) und trank einen Liter Most.«

Das machen wir natürlich noch nicht. Vielmehr gehen wir von der Kleinen Rittergasse direkt in die enge Klappergasse, die aus zwei Reihen schiefer Fischerhäuschen besteht, und treffen dort auf »Frau Rauscher«, eine bronzene Sachsenhäuserin, die unversehens die Passanten anzuspukken beliebt. Sie habe, so eine Tafel an der Mauer, »eine Beul am Ei«, von der zweifelhaft ist, ob sie vom »Alte« komme oder vom »Rauscher« – womit der gerade vergärende Apfelwein gemeint ist. Diesem »Stöffchen« – neudeutsch wird er auch schon »Äppler« genannt – verdankt der bekannteste Teil der Stadt seinen Ruf, aber es ist sicher übertrieben, ihn bis auf die Karolinger zurückzuführen, wie Adolf Stoltze, ein begabter Verseschmied wie sein Vater Friedrich, es tat:

»Den Reichsappel in der Hand,
Floh Kaiser Karl zum Mainesstrand,
Und hat, da er sehr abgehetzt,
Sich uff den Appel da gesetzt.
Nadirlich aanzig aus Verseh,
Denn so e Sitz is grad net scheee,
Uff aamal odder spiert er was

Un greift danach un is ganz naß
Un lutscht dan draa: Uij! Schmeckt das fei!
Un kreischt dann: ›Des is Äppelwei!
Gottlob, jetzt hat der Dorscht e End,
Gleich morje nemm ich e Padent!‹«

Der in Bad Nauheim geborene Frankfurter Autor Andreas Maier, bekannt geworden durch seinen Roman *Wäldchestag*, unterscheidet die Bier-, Wein- und Apfelweintrinker und findet für letztere eine geradezu philosophische Definition: »Beim Bier werden Gespräche oft schnell dumm, die Leute bekommen eine gewisse Trägheit und beginnen sich, wenn sie betrunken sind, zu wiederholen. Wein belebt anfangs, macht aber irgendwann schwer. Beim Apfelwein findet alles mit einer gewissen Leichtigkeit statt, obgleich ich nicht verhehlen will, daß er einen zur Geschwätzigkeit verführt. Apfelweinwirtschaften sind Redebuden ... Die Gespräche beim Apfelwein handeln nie von wirklich ernsten Themen, sie sind oft oberflächlich moralisierend, haben aber nie die übliche Stammtisch-Kampfstimmung, und vor allem neigt man beim Apfelwein nicht zu Verbrüderungen, was ich als sehr angenehm empfinde. In meinen Büchern verfallen die Helden immer irgendwann in Schweigen. Sie mögen sich an den intelligenten oder pseudointelligenten Diskursen ihrer Umwelt nicht beteiligen. Irgendwann ist mir klargeworden, daß die Geschwätzigkeit beim Apfelwein eine Form von Schweigen ist. Ein Schweigen über die angeblich wichtigen Dinge. Deshalb hat Apfelwein sogar etwas Anarchisches. Er verführt nicht zum Mitmachen. Wer Apfelwein trinkt, läßt sich nichts einreden. Denn alles wird alsbald wieder aufgelöst in dieser, von außen betrachtet, sicherlich oft eigenartig anmutenden Geschwätzigkeit.«

Auch wenn das Ebbelwei-Viertel inzwischen von vielen anderen Getränken durchsetzt ist, es gibt sie noch, die traditionellen Volksschenken, von denen eine, der »Graue Bock« als »Blauer Bock« mit seinem Wirt Otto Schenk und seinem »Gebabbel« in den siebziger und achtziger Jahren fernsehberühmt wurde. Wir finden den »Grauen Bock«, wenn wir die Klappergasse bis zur Dreieichstraße gehen, dort links und nach ein paar Häusern nochmals links in die Große Rittergasse einbiegen – und schon stehen wir vor der berühmten Ebbelwei-Wirtschaft, von der es im Gassengewirr noch fast ein Dutzend geben mag. Sie haben so typisch frankfurterische Namen wie »Atschel«, »Kanonesteppel«, »Fichtekränzi« oder »Klaane Sachsehäuser«. Wer will, mag hier Rast machen, auf den Bänken und unter den Bäumen der Höfe, mag den »Rebesaft vom Äppelbaam« genießen mitsamt den dazugehörenden Viktualien wie Rippchen mit Kraut, Handkäs mit Musik oder Würste vom Rind oder Schwein ...

Wir versagen uns die derben Genüsse, gehen die Große Rittergasse weiter bis zum Kuhhirtenturm, dem letzten Zeugen der mittelalterlichen Stadtmauer um Sachsenhausen. 1490 wurde er erbaut. Ein halbes Jahrtausend später, 1923, wurde unter lebhafter Anteilnahme der Bevölkerung seine Dachhaube abgetragen und ein ausgewachsenes Klavier von oben in den Turm versenkt – denn ein Musiker hielt Einzug: Paul Hindemith, seit 1915 Konzertmeister am Frankfurter Opernhaus, hatte für die nächsten vier Jahre ein – nach innen wie nach außen – störungsfreies Domizil zum Komponieren gefunden. Die erste Fassung der Oper *Cardillac* und die Lieder des *Marienlebens* sind in diesem Turm entstanden. Dann ging der Meister nach Berlin. Goebbels verfemte ihn als »atonalen Geräuschemacher«. Erst nach dem Krieg kam Hindemith gelegentlich nach Frankfurt zurück, 1963 zum Sterben. Am Ende als »Sohn dieser Stadt« gefeiert, wußte er sich am Anfang nur mit hartnäckiger List zu behaupten. »Aber das Schönste, was mir geglückt ist«, schrieb er kurz vor seinem spektakulären Einzug in den Kuhhirtenturm an seine Jugendfreundin Emmy Ronnefeldt, »ist die Gründung der ›Gemeinschaft für Musik‹, hier. Wir spielen vor ungefähr 80 geladenen Mitgliedern bei Zingler auf der Kaiserstraße moderne Musik (alle 2 oder 3 Wochen); eine rein musikalische Angelegenheit ohne Geldgeschichten. Die Zuhörer zahlen nichts, die Spieler bekommen nichts, die ganz geringen Unkosten werden gemeinsam getragen. Hier ist endlich einmal die Musik um der Musik willen da! Kein persönlicher Ehrgeiz wird berücksichtigt, keine Kritik erscheint. Und, was das Allerschönste ist: die ganzen Frankfurter dürfen nicht hinein!!«

Nun aber hält uns nichts mehr auf, auch nicht – wie der Kuhhirtenturm im Mittelalter genannt wurde – ein »Elefant«. Wir hatten uns einen Mainspaziergang vorgenommen, haben den Fluß aber durch Museen, Most und Musensöhne aus den Augen verloren. Dabei sind wir ihm ganz nah. Nur ein paar Schritte links vom Turm bringen uns durch ein überbautes Tor hinauf zum Deutschherrnufer, wo wir uns rechts halten, bis ein Treppchen hinunterführt zum Moenus fluvius. Jetzt sind wir am Wasser, das uns für die letzten zwanzig Minuten dieser Partie begleitet. Kaum haben wir die Ignatz-Bubis- und die Flößerbrücke unterwandert, verrät uns auch schon ein Wegweiser, daß es auf dieser Mainuferroute nur noch 51 Kilometer sind bis Aschaffenburg. So weit wollen wir gar nicht gehen, auch wenn es nach der nächsten – und für uns letzten –

Brücke endlich angenehm grün wird links und rechts des Fußpfads. Nur noch ein bißchen schlendern wir dahin und schauen den unermüdlichen Schleppern zu, die auf dem Fluß vorbeiziehen. Sogar der alte Biertrinker Jean Paul ist noch einmal jung geworden, als man ihm zu Ehren hier im Juni 1818 ein romantisches Mainfest veranstaltete. »Von einem Mädchen, das ich nicht kenne, bekam ich einen so herzlichen Kuß nach dem meinigen als sei es meine Tochter«, schrieb er brav seiner Ehefrau nach Bayreuth. »Die Weiber sind hier mehr ausgebildet, als in Mainz. Meine neulichen Berichte der weiblichen Häßlichkeit beziehen sich nur auf die untern, nicht auf die mittlern Klassen.«

Jean Paul blieb trotzdem nicht in Frankfurt; selbst nicht für Geld und gute Worte vom Fürsten Dalberg. Er schrieb nur ein paar »Sedezaufsätze« für die Museumsgesellschaft und ließ sich im übrigen gern feiern. Der Spaziergänger ist denn auch nicht seinetwegen hierhergekommen, sondern wegen der großen Gartenwirtschaft, die nun vor ihm auftaucht, wenn der Ruderclub und ein paar kleinere Ausflugslokale zur Rechten passiert sind. Er kommt dabei an einem demokratischen Denkmal vorbei, das der zum Kern der Neuen Frankfurter Schule zählende Zeichner Hans Traxler 2005 geschaffen hat: auf der Frontseite eines leeren Sandstein-Sockels steht in goldenen Lettern »ICH«, auf der Rückseite führt eine kleine Treppe hinauf. Jeder, natürlich auch der unermüdliche Spaziergänger, ist eingeladen, den Sockel zu besteigen, eine geeignete Pose einzunehmen und sich nach Möglichkeit fotografieren zu lassen. Nach der Besichtigung so vieler Denkmäler auf unseren Touren erhält damit auch der fleißige Stadterkunder sein eigenes Denkmal.

So in unserem Ego gestärkt (»Jeder Mensch ist einzigartig«), stehen wir nach einigen Schritten plötzlich vor einem langen Mäuerchen, das die »Historische Gerbermühle« umschließt: eine nach dem Krieg mehrfach wiederaufgebaute und rekonstruierte Gastwirtschaft mit kleinem Hotel, in dem zwei besondere Zimmer eingerichtet wurden, die an deren berühmtesten Bewohner erinnern. Im Garten finden wir einen hohen Sandstein-Bildstock aus dem Jahr 1519, gestiftet zur Sühne für die Ermordung eines Geistlichen an dieser Stelle. Und neben dem Eingang zum Haus eine fast noch geheimnisreichere Inschrift, von rheinischen Dichtern 1928 auf einer Tagung verfaßt und angebracht: »Die Mühle ruht, das Rad schlief ein / Sein Name nur geht in dem Haus / Der jede Stätte ewigte / Die er betrat: So warst du sein.«

Die Rede geht von Goethe. Sein alter Bekannter Johann Jakob von Willemer, ein kunstsinniger Bankier, hatte die Mühle gepachtet und zum anmutigen Sommersitz ausgebaut. Goethe besuchte ihn dort im Herbst 1814 – und dann, etwas länger, im darauffolgenden Sommer. Wie da der 66. Geburtstag des Dichters auf der Gerbermühle zelebriert wurde, berichtet der junge Reisebegleiter Sulpiz Boisserée in seinem Stakkato-Tagebuch: »Morgens Vers an den G. fertig. Über Hals und Kopf hinausgeeilt. – Die Familie von Willmer ist da. Herr Scharf und Frau. Fritz Schlosser. – Kasten-Schreiber Riese, alter Schulcamerad von G., Seebeck. – Das Gartenhaus mit Schilf ausgeziert wie Palm-Bäum zwischen d. Fenster gebunden, oben an der Decke überhängend. – An der hinteren Wand, wo der Alte saß, ein groß Spitzschild von Laubkränzen, darin ein runder Kranz von Blumen, den Farben-Kreis vorstellend. – Willmer eröffnet den Tisch mit einer passenden Anrede, einer Anspielung auf Freimaurer-Sitte – bringt des Alten Gesundheit aus mit Wein von seinem Geburtsjahr – (1749.) mit 1748er Rheinwein. – Durchgehend muntere Stimmung in der Gesellschaft. Brief vom Consistorium an Willmer mit Erlaubnisschein einen an diesem Tag geborenen unehelichen Sohn Wolfgang im Haus zu taufen. – Zweiter Brief in Knittel-Versen von einem Meister-Sänger Christian, kurze Wiederholung von Goethes Biographie, soweit sie jetzt gedruckt ist, alle Verse endigen mit den Eigennamen der Goethischen Liebschaften. ... Die Frauen hatten einen Turban von dem feinsten indischen Muslin mit einer Lorbeer-Krone umkränzt auf zwei Körbe voll der schönsten Früchte – Ananas Melone Pfirsich Feig- und Trauben –, dann einen voll der schönsten Blumen gelegt. Dazu hatte die Städel die Aussicht aus Goethes Fenster auf die Stadt Frankfurt artig gezeichnet, und die Wilmer ein schönes Kränzchen von feinen Feld-Blümchen aufgeklebt, zu beidem waren passende Verse aus dem Hafis geschrieben –.«

Die Wilmer, der Hafis. Nur ganz am Rande erfahren wir, was Goethe an seinem Geburtstag nach Frankfurt zog. Es war die junge, dreißigjährige, erst seit einem knappen Jahr mit dem Bankier verheiratete Marianne von Willemer, die ihm an seiner Vaterstadt nun besonders gefiel. Und er beschäftigte sich doch gerade mit den Ghaselen eines alten persischen Dichters namens Schams od-Din Mohammed, genannt Hafis, der ihn zu einem eigenen »Divan« anregen sollte. Da war es wie ein orientalisches Wunder, daß ihm in der Gattin seines Gastgebers eine »Suleika« gegenübertrat, die seine kunstfördernde Liebe nicht nur mit Leidenschaft erwiderte, sondern diese auch noch schriftlich auszudrücken wußte. Einige ihrer Gedichte hat Goethe, mit nur winzigen Änderungen, in seinen *West-öst-*

lichen Divan aufgenommen. Das schönste und traurigste Gedicht schrieb Marianne genau vier Wochen nach der Geburtstagsfeier. Es entstand in einer Reisekutsche, auf der Rückfahrt von Heidelberg. Willemers waren dem Dichter, der sich am Neckar mit Carl August von Weimar treffen wollte, sofort hinterhergereist, als sich die Ankunft des Herzogs verzögerte. Sulpiz Boisserée hatte den heißen Tip nach Frankfurt gegeben. Er brachte nichts fürs Leben, aber für die Literatur – und den literarischen Spaziergänger. Der zitiert, während er nun stromabwärts, nach Westen, in die Stadt zurückwandert (oder auch fährt: mit dem Schiff, mit der Straßenbahn), das Gedicht an den Westwind:

»Ach, um deine feuchten Schwingen,
West, wie sehr ich dich beneide:
Denn du kannst ihm Kunde bringen,
Was ich in der Trennung leide.
Die Bewegung deiner Flügel
Weckt im Busen stilles Sehnen;
Blumen, Augen, Wald und Hügel
Stehn bei deinem Hauch in Tränen.

Doch dein mildes sanftes Wehen
Kühlt die wunden Augenlider;
Ach, für Leid müßt' ich vergehen,
Hofft' ich nicht zu sehn ihn wieder ...«

Sechster Spaziergang
Von der Hauptwache durchs Nordend zum Hauptfriedhof

An der Hauptwache – Große Eschenheimer Straße – Stiftstraße – Stephanstraße – Alte Gasse – Petersstraße – Eschenheimer Anlage – Unterweg – Sternstraße – Oberweg – Oeder Weg – Adlerflychtplatz – Paul-Hindemith-Anlage – Kastanienallee – rechts am Schlößchen vorbei, diagonal durch den Holzhausenpark – Ecke Hamann-/Klettenbergstraße – Holzhausenstraße – Nordendstraße – Spohrstraße – Rat-Beil-Straße (50 m nach links zum Eingang Grüfteweg des Hauptfriedhofs)

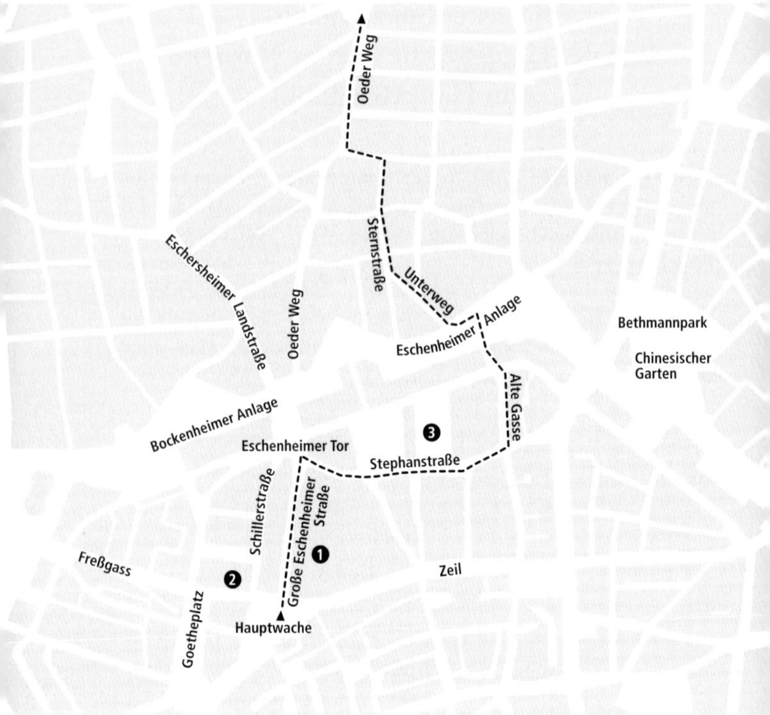

[1] Palais Thurn und Taxis [2] Börse [3] Petersfriedhof

Fortsetzung des Spaziergangs auf Seite 199

Die Große Eschenheimer Straße, die von der Hauptwache aus exakt nach Norden führt, war einmal eine bedeutende Gasse – für Politik und Presse. Eine politische Vergangenheit hat das dreiflügelige Barockschloß auf der rechten Seite, das sich Fürst Anselm Franz von Thurn und Taxis Anfang des 18. Jahrhunderts erbauen ließ, als er seine Generalpostmeisterei auf kaiserlichen Wunsch von Brüssel nach Frankfurt verlegte. Das Palais, das zuletzt das Völkerkunde-Museum beherbergte (heute Museum der Weltkulturen am Museumsufer), war im Zweiten Weltkrieg weitgehend zerstört worden, übrig blieb das mächtige Sandsteinportal, hinter das man zwei gemäßigt moderne Seitenflügel und ein gemäß der postalischen Tradition des Ortes weniger gemäßigtes Fernmeldehochhaus baute. Es war mit seinem Flugdach ein typischer Bau der fünfziger Jahre, der nach einem halben Jahrhundert abgerissen wurde, um einem milliardenschweren Einkaufscenter mit zwei Hochhäusern und dem hochtrabenden Namen »Frankfurt Hoch Vier« Platz zu machen. Die gewaltigen Bauvolumina dieses Einkaufszentrums erkaufte man sich mit der Zusicherung, das Palais der Thurn und Taxis (zumindest äußerlich) vollständig und originalgetreu rekonstruieren zu wollen. Dazu wurden die Reste des Palais, die noch original erhalten waren, erst einmal gründlich abgetragen, »getreu dem Frankfurter Prinzip, daß eine Sache erst ganz und gar zugrunde gehen muß, bevor man sie dann nagelneu wiedererstehen läßt« – so unser kritischer Frankfurt-Beobachter Martin Mosebach. Der Spaziergänger wird also ein gänzlich neues Palais erblicken, mit einigen originalen Überresten, und in ein paar Jahren, so hoffen die »Plattmächer«, wird niemand mehr bemerken, daß dieses Schloß von 1741 eigentlich ein Fake von 2008 ist.

Dabei war hier ein paar Jahre lang die große Welt des Rokoko zu Hause, von Kaiser Franz bis Zar Alexander – und ab 1816 wurde das Palais Thurn und Taxis mit dem Deutschen Bundestag, der Versammlung der Fürsten und Vertretungen von fast 40 deutschen Staaten, für ein halbes Jahrhundert zum politischen Zentrum Deutschlands – bis 1866 die Freie Reichsstadt zum ersten Mal unterging, d. h. preußisch wurde. Friedrich Stoltze hatte die treffenden Worte dafür: »No immerhin, die alte Frei-, Reichs-, Wahl-, Krönungs-, Meß- und Hannelsstadt is e preußisch Provinzstadt worn.« Und das Palais, seit jeher das einzige Fürstenschloß innerhalb Frankfurts Stadtmauern, wurde 1895 von den Regensburger Fürsten an die Reichspost verkauft – für anderthalb Millionen Mark.

Damals stand eine andere Institution, die 1863 von dem Bankier Leopold Sonnemann gegründete und genau gegenüber dem Palais residierende linksliberale »Frankfurter Zeitung« in hohem Ansehen. In vier aneinandergebauten, inzwischen nicht mehr existenten Häusern wurde sie hier geschrieben und gedruckt. Einer ihrer Mitarbeiter war Joseph Roth, der in den zwanziger Jahren viel in Frankfurt war, weil er als Reiseberichterstatter der Zeitung immer für neue Aufträge sorgen mußte. Noch hatte er seine großen Erzählungen nicht geschrieben, aber er liebte schon den großen brieflichen Klatsch. Am 30. Dezember 1925 schrieb er an den jungen Bernard von Brentano, einen Urgroßneffen des Romantikers Clemens: »In diesem Haus gehen sehr merkwürdige Dinge vor. Was mich betrifft, so muß ich noch einige Zeit, ich schätze bis Ende Januar, hier sein. Allerdings weiß ich noch gar nicht, was ich dann machen soll. Vielleicht fahre ich durch ein paar deutsche Städte. Paris ist mir durchaus nicht sicher. Herr von Dewall, der hier die Außenpolitik macht, will an Stelle des von Reifenberg vorgeschlagenen Lachmann, den Sieburg hinschikken. Das ist ein großes Geheimnis, daß Sie es wissen, darf nicht einmal Reifenberg wissen. ... Die F. Z. will zum ersten Mal in ihrem Leben ein Darlehen haben und kriegt es nicht. Das ist die Schadenfreude der Banken, sie wollen einem Unabhängigen schon mores lehren. Die Zeitung steht auf der Kippe. Soll sie nach rechts gehn? Soll sie zur aussichtslosen Sozialdemokratie rücken? Die Demokratie ist fortgeblasen. Soll sie Abonnenten werben? Soll sie im Stolz verharren, bis Abonnenten von selbst kommen? Die Verwaltung ist naiv, die Redaktion ist steuerlos.« Nicht einmal eine Weihnachtsgratifikation habe es diesmal gegeben, klagte Roth. Es sehe so aus, als ob das Blatt sein Erscheinen bald einstellen werde. Aber auch bewährte Apokalyptiker können sich täuschen; die »Frankfurter Zeitung« hatte damals ihre wichtigsten Jahrzehnte noch vor sich. Es waren die zwanziger Jahre, in denen das Feuilleton der F. Z. unter Benno Reifenberg brillierte, und bis zur Machtübernahme der Nazis 1933 fehlte wohl kaum ein Autor der literarischen Moderne in den Spalten »unter dem Strich«. Walter Benjamins *Berliner Kindheit um Neunzehnhundert* erschien zuerst in der Frankfurter Zeitung, ebenso Döblins *Alexanderplatz*, und einem der wichtigsten Theoretiker der Moderne, Siegfried Kracauer, der regelmäßig in der F. Z. schrieb, werden wir auf unserer Tour noch begegnen. Die F. Z. ist längst verschwunden, aber in der F. A. Z., die sich gerne ihrer Nachfolge rühmt, prägten bis heute Journalisten wie Friedrich Sieburg, Karl Korn,

Joachim Fest, Günther Rühle, Frank Schirrmacher und Goethe-Preisträger Marcel Reich-Ranicki das literarische Leben der Republik.

Hier, in der Großen Eschenheimer Gasse 43 mit all ihren Neben- und Rückgebäuden bis hinüber zur parallelen Schillerstraße, entstand damals ein kleines Zeitungsviertel mit den verschiedensten Publikationen, besonders die der »Frankfurter Societäts-Druckerei«. Hier war das Redaktionsbüro von Friedrich Stoltzes »Frankfurter Latern«, nachdem er bereits ab 1852 die »Frankfurter Krebbel-und-Warme-Brödercher-Zeitung« herausgebracht hatte. Das war, so könnte man behaupten, mit 10 000 Exemplaren für 50 000 Einwohner die Geburtsstunde des Boulevard-Journalismus in Frankfurt. Nicht vergleichbar, aber dennoch persönlich engagierten Journalisten wie Stoltze zu verdanken, waren nach dem Krieg die »Frankfurter Hefte«, eine politische Kulturzeitschrift von Eugen Kogon und Walter Dirks, die in den fünfziger Jahren eine für ein solches Format erstaunliche Auflage von 75 000 Exemplaren erreichte. Und daß Frankfurt eine große Zeitungsstadt geblieben ist, bekunden nach dem Zweiten Weltkrieg die »Frankfurter Allgemeine Zeitung«, die »Frankfurter Neue Presse« samt ehemaliger »Nachtausgabe«, die »Abendpost« sowie die »Frankfurter Rundschau«, die fast alle in diesem Karree entstanden – von denen allerdings wieder einmal an dieser Stelle nichts geblieben ist. Sie alle haben ihre Redaktionen in weniger prestige- und kostenträchtige Stadtteile verlegt, zuletzt die »Frankfurter Rundschau«, die ihr markantes Fünfziger-Jahre-Zeitungshaus, die »runde Ecke« an der Großen Eschenheimer zur Stiftstraße verlassen und ein neues Domizil in Sachsenhausen gefunden hat. Das denkmalwürdige Haus am Turm wurde verkauft und

Wahrzeichen in ursprünglicher Gestalt:
der Eschenheimer Turm

zugunsten von »Frankfurt Hoch Vier« abgerissen. Der Journalismus im Frankfurter Zeitungsviertel ist Vergangenheit.

Ebenso die Geschäfte in der alten Börse von 1879, dem Prunkbau des Frankfurter Architekten Heinrich Burnitz mit seinen allegorischen Skulpturen, die man in der Schillerstraße durch einen schmalen Durchgang gegenüber dem Palais Thurn und Taxis mit ein paar Schritten erreichen kann. Heute dient die alte Börse mehr oder weniger repräsentativen Zwecken, ebenso wie die oft Wirtschaftsnachrichten illustrierenden Bronzen von *Bulle und Bär*. Die Computer der »Neuen Börse« stehen längst im peripheren Stadtteil Hausen. So handelten Geld und Geist, die Börsianer und die Journalisten, wieder einmal vereint in schöner Frankfurter Tradition.

Wir gehen zurück in die Große Eschenheimer Straße und diese weiter bis zur Stiftstraße, wo wir einen anerkennenden Blick auf das einzige in ursprünglicher Gestalt erhaltene Wahrzeichen der Stadt werfen: den Eschenheimer Turm. Vom Dombaumeister Madern Gertener Anfang des 15. Jahrhunderts als sechsgeschossiger Rundbau errichtet, widerstand er nicht nur den Granaten und Bomben vieler Kriege, sondern seit der napoleonischen Zeit bis heute auch allen Plänen der eigenen Bürger, ihn abzureißen. Stolz schwenkt er über seinen fünf Spitzen noch immer das Wetterfähnchen mit den neun Löchern in der Form einer 9 – und von dessen Geschichte berichtet uns der Erzähler Ludwig Bechstein:

»Einst hatten die Frankfurter einen Wilddieb gefangen, des Name war Hänsel Winkelsee, und der saß schon neun Tage im finstern Loch, ehe Spruch und Urteil über ihn erging, und hörte allnächtlich die Wetterfahne kreischen und rasaunen über seinem luftigen Losament hoch oben im Eschenheimer Turme und sprach: Wär' ich frei und dürft' ich schießen nach meinem Wohlgefallen, so schöß' ich dir, du lausige Fahn' – so viel Löcher durchs Blech, als Nächt' ich hier gesessen hab'. – Diese Rede hörte der Kerkermeister und trug sie vor den Stadtschultheißen der freien Stadt, und dieser sagte: Dem Kerl gehört keine Gnad' als der lichte Galgen; wenn er aber so ein gar guter Schütze sein will, so wollen wir ihm sein Glück probieren lassen. – Und da ward dem Winkelsee seine Büchse gegeben und gesagt, nun solle er tun, wes er sich vermessen; wenn er das könne, solle er frei von dannen gehen, wenn aber auch nur eine Kugel fehl gehe, so müsse er baumeln, und da krähe kein Hahn nach ihm. Da hat der Wildschütz seine Büchse genommen und hat sie besprochen mit guten Waidmannssprüchlein und hat Kugeln genommen, die auch nicht ohne waren, und hat angelegt und nach der Fahne gezielt und hat losgedrückt. Da saß ein Löchlein im Blech, und alles hat gelacht und bravo gerufen. Und nun noch achtmal so, und jede Kugel an die richtige Stelle, und mit dem neunten Schuß war der Neuner fertig, der heute noch in der Fahne auf dem Eschenheimer Turm zu sehen ist, und war ein großes Hallo um den Schützen her.«

Kein Wunder, daß dem kleinen Johann Wolfgang Goethe in dieser Gegend nicht ganz geheuer war. Sie führe mit Recht den Namen »schlimme Mauer«, heißt es später in *Dichtung und Wahrheit* – was sich nicht auf die Edelprostituierte Rosemarie Nitribitt bezog, die 1957 dort in der Stiftstraße 36 ermordet aufgefunden wurde, sondern auf das im zweiten Buch erzählte Knabenmärchen *Der neue Paris*, in dem es heißt: »Ich ging nur langsam und dachte an meine drei Göttinnen, besonders aber an die kleine Nymphe, und hielt meine Finger manchmal in die Höhe, in Hoffnung, sie würde so artig sein, wieder darauf zu balancieren. In diesen Gedanken vorwärts gehend erblickte ich, linker Hand, in der Mauer ein Pförtchen, das ich mich nicht erinnerte je gesehen zu haben ...«

Wer heute durch die graue Häuserschlucht der Stiftstraße wandert, hat natürlich keine Chance mehr, dieses Pförtchen zu entdecken, aber es wird ihm schon etwas sonderbar zumute, wenn die erste Gasse links noch »Katzenpforte« heißt, und wenn er weiß, daß er nun auf der breiteren Stephanstraße über den alten christlichen Begräbnisplatz der Stadt geht, der erst 1828 geschlossen wurde. Nur der nördliche Teil jenes Petersfriedhofs ist erhalten. Gleich nach der Brönnerstraße, vor Sankt Peter (heute eine Jugend-Kultur-Kirche mit großem Veranstaltungsprogramm), erinnern noch viele kunstvolle Grabplatten an berühmte Frankfurter Familien: gleich links vom Eingang die Textors (auch Goethes Vater wurde hier bestattet), die Bankiersfamilie von Bethmann, die Passavants. Matthäus Merian ist hier begraben (an der Innenseite der Friedhofsmauer), es ist »der Jüngere«, dessen ebenfalls in Frankfurt tätigem Vater wir die Illustrationen der *Biblia Sacra* und die kulturgeschichtlich so wertvollen Städtebilder verdanken. Auch seine Tochter Anna Maria Sibylla ist berühmt geworden, vor allem als eine unabhängige Weltreisende, die es zu Studienzwecken bis nach Surinam ins niederländische Guayana verschlug (1701!), wo sie die Zeichnungen zu ihrem Hauptwerk *Metamorphosia insectorum surinamensium* machte. Ihr Abbild zierte in unseren Tagen den kostbaren Fünfhundert-Markschein (auf dem Hundert-Markschein war übrigens eine andere Frankfurterin abgebildet, der wir bereits begegnet sind: Clara Schumann).

350 Jahre lang war der Petersfriedhof die letzte Ruhestät-

te der Frankfurter. Er war sehr viel größer, als was von ihm geblieben ist: Die Kreuzigungsgruppe von Hans Backoffen (1511) bildete ungefähr seine Mitte, und als man ihn 1828 schloß, war er völlig überfüllt. Generationen später wurde er zu Straßen und Plätzen planiert. So muß es den Spaziergänger nicht wundern, daß ein ganz besonderes Grabmal neben dem Friedhof auf einem Schulhof liegt, wo ein kleiner Exedra-Anbau an die Turnhalle die letzte Ruhestätte von Goethes Mutter umrahmt – sowie die seines Großvaters und Taufpaten Johann Wolfgang Textor. Es war ja eine ganz besondere »Frohnatur«, diese Catharina Elisabeth Goethe, geb. Textor, die von sich sagte: »Ich bemoralisiere niemand und suche immer die gute Seite auszuspähen. Weil man zufrieden und froh ist, so wünscht man alle Menschen vergnügt und heiter zu sehen ...« Der Stadtchronist Walter Gerteis berichtet die Anekdote von ihrem Ende, die wiederzugeben hier an ihrem Grab passend erscheint: »Die Frau Rat erhielt eine Einladung zum Kaffeekränzchen, gerade als sie von ihrem Arzt, einem ihrer Neffen, auf ihr Drängen die Wahrheit erfahren hatte, daß nämlich ihre letzten Stunden gekommen seien. Sie ließ bestellen: ›Die Frau Rat habe keine Zeit, sie müsse jetzt alleweil sterben.‹« Und so starb sie mit 77 Jahren am 13. September 1808 und liegt hier begraben.

Rosemarie Trockel, Verletzter Engel

Eine Erinnerungsstätte sehr viel jüngeren Datums dagegen ist auf der anderen Seite der Turnhalle, an der wir nun rechts vorbeigehen. Da steht in der Mitte eines kleinen

Buchsbaumrondells ein *Verletzter Engel*, den Rosemarie Trockel aus einer neugotischen Figur verfremdet hat, indem sie ihr »den Kopf verdrehte«. Der Engel und zwei Straßenschilder vor einem Kino namens »Eldorado« verweisen auf einen überraschenden Klaus-Mann-Platz zum Gedächtnis an die im Dritten Reich verfolgten Homosexuellen beiderlei Geschlechts. Wer bedenkt, daß nach Thomas Mann, der mit Frankfurt vor allem im Zeichen Goethes eng verbunden war, nur eine Straße in einem entlegenen Stadtteil benannt ist, darf schon ein bißchen staunen.

Der Spaziergänger befindet sich jetzt im Bermuda-Dreieck des schwulen Lebens in der Mainstadt, mit seinen Bars und Buchhandlungen, Saunen und Discos, und wenn er nach dem Klaus-Mann-Platz links die Alte Gasse hinaufgeht, kommt er in der Hausnummer 33 vorbei, in dem zu seiner TAT-Zeit Rainer Werner Fassbinder wohnte. Er hat in Frankfurt nicht nur *Mutter Küsters Fahrt zum Himmel* gedreht, sondern auch seinen vielleicht berührendsten Film, *In einem Jahr mit dreizehn Monden*.

Die »Krawallschachtel« in der Alten Gasse 24 hat natürlich nichts mit Fassbinder zu tun: Die Wirtschaft vom Baujahr 1546 gilt als ältestes Wohnhaus der Innenstadt und hat ihren Namen wohl eher von zu lauten Gästen. Wir überqueren jetzt die Bleichstraße, wandern die Petersstraße weiter, überqueren die Eschenheimer Anlage, wenden uns hier ein bißchen nach links und dann gleich nach rechts in den Unterweg, an dessen Ende wir auf die Sternstraße treffen. Im schön restaurierten Haus Nr. 29 auf der linken Seite wohnte der Schriftsteller, Philosoph und Filmtheoretiker Siegfried Kracauer von 1919 bis 1930; eine Gedenktafel mit Porträt-Relief zitiert einen bedenkenswerten Satz von ihm: »Denn das Gestaltete kann nicht gelebt werden,

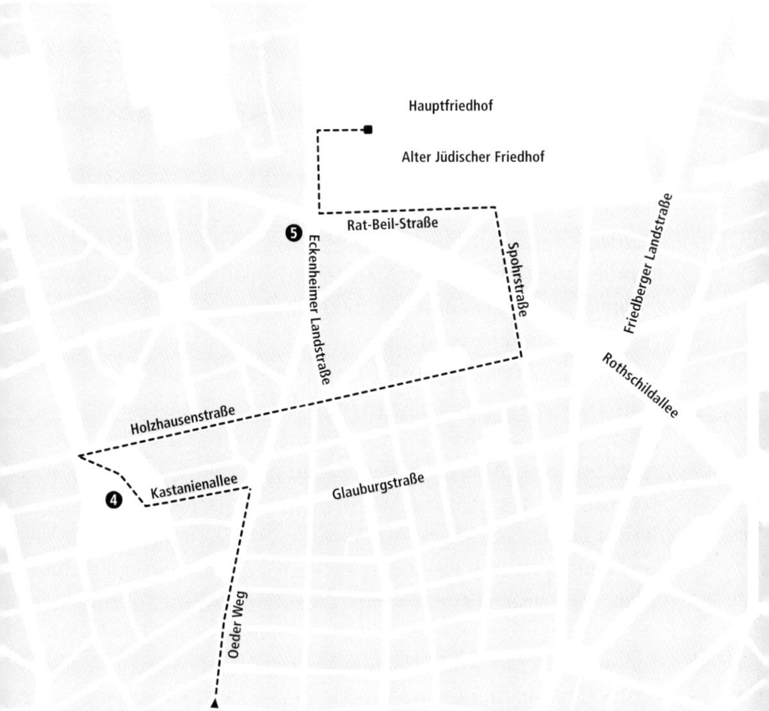

[4] Holzhausenschlößchen [5] Deutsche Nationalbibliothek

wenn das Zerfallene nicht eingesammelt und mitgenommen wird.«

Kracauer war damals Feuilletonredakteur bei der »Frankfurter Zeitung« – und also auch nicht sicher vor dem brieflichen Spott des Kollegen Joseph Roth. Der schrieb dem »lieben Freund« Brentano: »Dr Kracauer ist ein armes Waserl. Er kann nur einmal in 10 Jahren machen, was ihm gefällt, er kann nur einmal für 3-7 Tage nach Berlin fahren und er kann niemals – leider, leider, infolge seines Sprachfehlers und seines uneuropäischen Gesichts – die Zeitung auswärts vertreten. Er ist ein kluger ironischer Kopf ohne Phantasie, aber trotz aller Bewußtheit sympathisch naiv. Helfen Sie ihm, so gut es geht, nehmen Sie sich seiner an und Sie werden viel von ihm lernen können. Ich lerne von ihm immer und bringe die Geduld auf, eine halbe Stunde zu warten, bis er seine Weisheit hervorgestottert hat. Es lohnt immer.«

Gewappnet mit ein wenig Bosheit können wir vielleicht auch die Leidensstationen auf unserem Weg hinauf durchs Nordend etwas leichter ertragen. Wenn wir also die Sternstraße bis zum Ende weitergegangen sind, danach links in den Ober- und sofort wieder rechts in den Oeder Weg, stehen wir nach Überquerung der Hermannstraße nicht mehr gar so trostlos am Adlerflychtplatz, wo eine der traurigsten Liebesgeschichten des literarischen Lebens zu Ende ging. Vor dem unter alten Bäumen angelegten Kinderspielplatz in der Mitte schauen wir links hinüber zum Haus Nr. 89 und erkennen ein altes Wirtshausschild, vergessen und verblaßt über dem Eingang: »Adlerflychthof«. Vor zwanzig Jahren hat man hier noch gut gegessen, vor zweihundert Jahren trafen sich an diesem Haus, dem Sommersitz des Bankiers Gontard, zum letzten Mal Friedrich Höl-

Pädagogische Provinz: das Holzhausenschlößchen

derlin und Frau Susette. Wir haben auf unserem ersten Spaziergang von der überstürzten Kündigung des Hauslehrers erfahren, wir haben auf unserem vierten Spaziergang aus einem seiner ersten »Diotima«-Gedichte zitiert, nun schließt der letzte Akt mit Briefen.

Nach seiner Flucht aus Frankfurt hatte Hölderlin in Bad Homburg am Taunus eine Zweizimmerwohnung gefunden. Eineinhalb Jahre lang pilgerte er, in der Regel donnerstags, die fünfzehn Kilometer hinunter zum Adlerflychthof, um in einem Versteck in der Hecke vor dem Haus schriftliche Seufzer auszutauschen. Gesprochen haben sich die beiden hoffnungslos Liebenden aus Furcht vor Entdekkung nur noch selten; meistens mußten ein paar Blicke zwischen Fenster und Straße genügen. Das letzte kurze Wiedersehen datieren die Philologen auf den 8. Mai des Jahres 1800, den letzten Brief Susette Gontards auf den nämlichen Tag: »Wirst Du nun kommen? – Die ganze Gegend ist stumm und leer ohne Dich! und ich bin so voll Angst. Wie werde ich die starken Dir entgegen wallenden Gefühle wieder in den Busen verschließen und bewahren? – wenn Du nicht kömmst! – Und wenn Du kömmst! ist es auch schwer das Gleichgewicht zu halten und nicht zu lebendig zu fühlen. Versprich mir, daß Du nicht zurück kommen, und ruhig wieder von hier gehen willst, denn wenn ich dieß nicht weiß, komme ich in die größte Spannung und Unruhe bis Morgen früh nicht vom Fenster, und am Ende müssen wir doch wieder ruhig werden, drum laß uns mit Zuversicht unsern Weg gehen und uns in unserm Schmerz noch glücklich fühlen und wünschen, daß er lange, lange noch für uns bleiben möge, weil wir darin vollkommen Edel fühlen und gestärkt werden in unsern Seelen. Leb wohl! Leb wohl! Der Segen des Himmels sey mit Dir. –«

Susette Gontard starb, dreiunddreißig Jahre alt, durch Schwindsucht geschwächt, am 22. Juni 1802. Friedrich Hölderlin wurde nach zunehmender geistiger Verwirrung am 11. September 1806 von Bad Homburg in das Autenrietsche Klinikum nach Tübingen gebracht.

Wir aber gehen zur Erholung den Oeder Weg weiter auf der linken Seite, überqueren die Lersner- und die Wolfsgangstraße und kommen in die winzige Paul-Hindemith-Anlage mit einem recht funktionslos dastehenden prächtigen Tor zwischen zwei Sandsteinpfeilern. Bevor wir das rätselhafte Tor durchschreiten, blicken wir nach rechts in die Glauburgstraße, wo sich seit einigen Jahren ein originelles Volksbühnchen aufgetan hat: Michi Herls in der Frankfurter Tradition von populärer Unterhaltung und aufklärerischem Hintersinn agierendes Stalburg-Theater im Nebensaal einer typischen Ebbelwei-Wirtschaft. Jetzt gehen wir aber durch das Tor und erblicken sogleich des Rätsels Lösung: eine alte Kastanienallee, die schnurstracks auf ein barockes Wasserschlößchen zugeht. Das Holzhausenschlößchen ist eines der vorstädtischen Güter der alten Patrizierfamilie von Holzhausen, die der Stadt in knapp 500 Jahren städtischer Selbständigkeit sechsundsechzig Bürgermeister gestellt hat. Rechts vor dem Steg zum Eingang erinnert ein Reliefporträt an den Pädagogen Friedrich Fröbel. Er hat hier von 1806 bis 1808 als Hauslehrer gewirkt und die Holzhausen-Kinder mit den neuen Bildungsideen Pestalozzis vertraut gemacht. »Selbst mitleben ist die wahre und echte Erziehung«, steht feierlich auf der Gedenkplatte; die Weisheit stammt aus einem Brief Fröbels an den Herzog von Meiningen. Heute veranstaltet eine Bürgerstiftung im Schlößchen ein wohldosiertes kulturelles Programm. Und es ist Schauplatz mancher Festlichkeit.

Nun folgen wir rechts vom Schlößchen einem breiten Weg zwischen zwei Kinderspielplätzen, verlassen den Park oben an der Ecke Hamann-/Holzhausenstraße, wenden uns dort wieder nach rechts und gehen außen am Park entlang zurück. Vor uns liegt jetzt also die Kastanienallee der Holzhausenstraße, aber der Abmarsch verzögert sich noch. Denn gleich links weist ein Schild in die Klettenbergstraße, die nicht nur bekannt wurde als Adresse des Suhrkamp-Verlegers Siegfried Unseld und seiner legendären Kritikerempfänge während der Buchmesse, sondern die uns über ihre Namensgeberin auch wieder zu Goethe führt: Susanna Katharina von Klettenberg war eine Freundin von Goethes Mutter, hatte sich ganz dem Pietismus verschrieben und ließ auch andere an ihren religiösen Erlebnissen teilnehmen. Vor allem mit dem Studenten Johann Wolfgang, der krank aus Leipzig zurückgekehrt war und dringend der Herzensergießung bedurfte, führte sie lange Gespräche über alle möglichen mystischen Wege zum Urgrund der Schöpfung. Goethe setzte ihr später, im sechsten Buch von *Wilhelm Meisters Lehrjahren*, mit den »Bekenntnissen einer schönen Seele« ein dauerhaftes Denkmal. Aber sie schrieb auch selber, nämlich geistliche Gedichte, die einen gestandenen Mann wie den patriotischen *Schweizerlieder*-Macher Johann Kaspar Lavater in Tränen ausbrechen ließen.

Jetzt nähern wir uns dem Hauptfriedhof. Zuvor aber müssen wir noch einen wichtigen Hinweis auf eine nationale Institution in der Nähe geben, die sich an der Kreuzung der Eckenheimer Landstraße mit der Adickesallee befindet, nämlich die Deutsche Nationalbibliothek. Sie ist (mit ihrer Doppelspitze in Leipzig) das zentrale Archiv der Bundesrepublik. Hier wird jede Publikation gesammelt, die Deutsche Nationalbibliothek ist das Gedächtnis der Nation. Wir überlassen aber die 7,8 Millionen Einheiten des Archivs den Wissenschaftlern und erinnern uns am Ende der Holzhausenstraße nach der Überquerung der Eckenheimer Landstraße mit einem Blick nach links in die Richard-Wagner-Straße daran, daß der Komponist mehrmals in der Stadt war. Der erste Frankfurter Aufenthalt freilich, im Jahr 1834, als der junge Magdeburger Kapellmeister hier brauchbare Sänger abzuwerben versuchte, geriet zur Posse. Wagner schildert sie in seiner Autobiographie *Mein Leben*:

»Ich hatte eine Aufführung der *Zauberflöte*, unter des damals als ›genialer Dirigent‹ wunderbar berühmten Kapellmeisters Guhr Leitung, beigewohnt und war von dem wirklich vorzüglichen Opernpersonal sehr angenehm überrascht worden. Natürlich war nicht daran zu denken, eines der ersten Mitglieder desselben in meine Netze zu verlokken; dagegen blickte ich scharf genug, in dem jugendlichen Fräulein Limbach, welche den ersten ›Knaben‹ sang, ein begehrenswertes Talent zu erkennen. Meine Engagements-Anträge wurden von ihr angenommen, und zwar schien es ihr so sehr daran gelegen zu sein, von ihrem Frankfurter Engagement freizuwerden, daß sie beschloß, durch heimliches Entweichen sich aus demselben zu entfernen. Dies erklärte sie mir und forderte mich zur Mithilfe bei diesem Vorhaben auf, welches keinen Aufschub leiden könnte, weil es sonst der Direktion bekannt werden würde. Die junge Dame vermutete mich jedenfalls im Besitz reicher Kreditive, mit denen das von mir ihr so sehr gerühmte Magdeburger Theaterkomitee mich für meine offizielle Geschäftsreise ausgestattet haben würde. Bereits hatte ich jedoch, um nur mein eigenes Fortkommen zu ermöglichen, zum Versatze meines dürftigen Reisegepäckes schreiten müssen: so weit hatte ich den Wirt gebracht; nun aber noch die Kosten der Entführung einer jungen Sängerin mir vorzuschießen, fand ich ihn durchaus abgeneigt. Ich mußte der jungen Dame, zur Bemäntelung des schlechten Benehmens meiner Direktion, irgendein Mißgeschick vorlügen und die verwunderungsvoll Zürnende zurücklassen.«

Die Stadt hat es dem Meister gedankt. Sie spielte, seit dem *Tannhäuser* 1853, seine Bühnenwerke, sie ließ ihn dann sogar erstmals den eigenen *Lohengrin* dirigieren und machte ihn schließlich zum Ehrenmitglied des Musikvereins sowie des Freien Deutschen Hochstifts. Davon können die anderen Komponisten, die namentlich in dem kleinen Musikerviertel vertreten sind, das wir jetzt durchqueren, nur träumen. Wir also schreiten, während wir die Nordendstraße weitergehen, achtlos über Weber- und Gluckstraße, werfen keinen Blick nach links in die Brahmsstraße, sondern konzentrieren uns auf den hier – wie so oft in seinem Leben – völlig deplazierten Nikolaus Lenau. Das Sträßchen mit seinem Namen liegt rechts an unserem Weg und erinnert an einen im Weltschmerz erfahrenen Dichter, der in der Stadt am Main endlich – wie er gleich in einem wonnetrunkenen Brief festhielt – seinen »freudigen Frieden« gefunden zu haben glaubte. Im August 1844 verlobte er sich mit der Frankfurterin Marie Behrends und reiste sofort nach Wien, um die für die Hochzeit nötigen Papiere zu besorgen. Dort wurde er Ende September wahnsinnig; die letzten sechs Jahre seines Erdendaseins verbrachte er in einer Heilanstalt.

Nun sind wir in der rechten Stimmung für das letzte Stück dieses Spaziergangs, der uns durch die Nordend- noch bis zur Spohrstraße führt und diese dann links hinauf, über die Nibelungenallee und die Rat-Beil-Straße hinweg, bis ans klassizistische Tor zum neueren Israelitischen Friedhof, der 1828 in der Nachfolge des mittelalterlichen Ghetto-Friedhofs am Börneplatz eingeweiht wurde. Viele, die von dieser Stadt aus in die Welt wirkten – die Rothschilds etwa oder auch der Mediziner und Nobelpreisträger Paul Ehrlich –, wurden hier begraben. Wir gehen vor der Mauer fünfzig Meter nach links und schlüpfen durch einen Nebeneingang in den Hauptfriedhof. Im Sommer 1828 fanden hier die ersten Beerdigungen statt, und seither sind hier bekannte und unbekannte Frankfurter bestattet worden, in einfachen Gräbern und pompösen Mausoleen, in deren Architektur sich die verschiedenen Epochen abbilden. Es gibt natürlich die Familien-Kapellen der Patrizier, oft von bedeutenden Künstlern des Klassizismus oder Historismus gestaltet; hier liegen Berühmtheiten wie der Schauspieler Hassel, der Arzt Soemmering, der Bildhauer Hausmann, die Unternehmer Holzmann oder Mouson, oder der Architekt Ernst May und der Philosoph Theodor W. Adorno – um nur wenige Namen zu nennen. Der interessierte Spaziergänger kann sich bei der Friedhofsverwaltung einen Plan der Grabstätten besorgen.

Es sei noch auf zwei politisch bemerkenswerte Pyramiden aufmerksam gemacht, von denen eine aus rotem Sandstein auf dem linken Hauptweg des Friedhofs gleich auffällt. Sie hat die Inschrift: »Zur Erinnerung an die am 18. September 1848 Gefallenen aus dem Volke.« Und darunter das Schiller-Wort: »Und setzet Ihr nicht das Leben ein, nie wird euch das Leben gewonnen sein.« Auf den Seiten der Pyramide sind die Namen der 32 Toten eingemeißelt, die hier beerdigt sind (zwei wurden in Sachsenhausen beigesetzt). Die andere Pyramide steht etwa hundert Meter weiter östlich, ist aus grauem Marmor, trägt Bildnis und Namen des Fürsten Lichnowsky (dessen Leichnam aber nach Schlesien überführt wurde) sowie des Generals von Auerswald und die Namen dreier Offiziere und neun Soldaten. Am 21. September 1848 beerdigte man das Militär in allen Ehren, die Marmorsäule stiftete der Prinz von Preußen, der spätere Kaiser Wilhelm I. Die »Gefallenen aus dem Volke« wurden tags drauf in aller Stille unter die Erde gebracht; die Obrigkeit hatte jegliche Feier verboten. Die Gedenk-Pyramide stifteten Frankfurter Bürger, unter ihnen Friedrich Stoltze. Beide Pyramiden sind wahrlich klassenbewußte Denkmäler aus den Tagen einer bürgerlichen Revolution, mit der sich nicht nur in Frankfurt viele vergebliche Hoffnungen verbanden.

Wir treffen auf diesem Friedhof auch auf die letzten Ruhestätten mancher Menschen, denen wir auf unseren verschiedenen Stadttouren schon begegnet sind – und noch einige mehr: Dorothea Schlegel zum Beispiel, die mit ihrem Mann Friedrich schon 1816 für zwei Jahre nach Frankfurt zog und dann später als Witwe bei ihrem jüngeren Sohn aus erster Ehe, dem Maler und Städeldirektor Philipp Veit, noch einmal ein knappes Jahrzehnt am Main wohnte. Wenn wir von unserem Nebeneingang geradeaus laufen, bis kurz vor dem Ende der Grüfte ein kleiner Weg im Bogen links abzweigt, finden wir ihre Grabplatte (Gewann B 180) nach ein paar Schritten auf diesem Weg auf der rechten Seite.

Die Orientierung auf einem fremden Friedhof ist nicht leicht. Wir beschränken uns jetzt auf ein einfaches Karree, das wir – meistens an der Wand lang – abschreiten, wobei wir auf die für uns wichtigsten Gräber stoßen. Wenn wir zur Grüftemauer zurück- und diese dann bis zum Ende nach links entlanggehen, kommen wir geradeaus in einen neuen Friedhofsabschnitt, in dem gleich linker Hand sechs große Steinkreuze auffallen: die Grabstätte der Familie Jeanrenaud, in deren Mitte Felix Mendelssohn Bartholdys Frau Cécile ruht. Wir gehen schnurstracks weiter, über ein rautenförmiges Plätzchen, bis zur nächsten Quermauer, vor der wir nach links einbiegen. Direkt an dieser Mauer (Nr. 541) befindet sich, gleich an der Ecke, der schwarze Grabstein Heinrich Hoffmanns. Der hat ja, wie wir schon wissen, nicht nur den *Struwwelpeter* verfaßt, sondern zum Exempel auch ein *Allerseelen-Büchlein*, eine *humoristische Friedhofs-Anthologie*, aus der wir gern das Gedicht *Eine Ehefrau* auf unseren Weg mitnehmen:

»Mein Gott! Was hat der Mann für einen Stein
Der lieben, guten Frau auf's Grab gesetzt!
Wie muß die Trennung schwer gewesen sein,
Und wie sein Herz zerrissen, ja zerfetzt!
Nur ruhig, ruhig! Was ihr übertreibt!
Er that es nur, daß sie hübsch unten bleibt.«

Es wäre unpassend, mit diesem Verslein im Kopf nun ausgerechnet Ricarda Huch zu besuchen, die hinter der Mauer, im Gewann II 204, liegt. Also gehen wir, am bescheidenen Stein des Geheimen Sanitätsrats Hoffmann vorbei, geradeaus weiter, bis uns die Friedhofs-Außenmauer im rechten Winkel nach links zwingt. Kurz vor dem alten Portal ist Arthur Schopenhauers stattliche Grabplatte in einer eigenen kleinen Dauergrün-Anlage nicht zu übersehen. Danach folgen wir der Mauer wieder links um die Ecke und biegen hiermit also in die Zielgerade unseres Friedhofsquadratwegs ein. Gleich im ersten Gäßchen links steht versteckt an der rechten Seite ein kleines Steinkreuz (D 261) für Marianne von Willemer, die ein halbes Jahrhundert nach Besingung des Westwinds als hochbetagtes »Groß-mütterchen« in Frankfurt gestorben ist. Und dann finden wir, genau auf halbem Weg an dieser letzten Mauer, auf einem Plätzchen linker Hand, sogar noch das beachtliche Grabdenkmal Karl Gutzkows neben einem Brunnen mit vielen Gießkannen (D 272 a). Zum Abschluß entdecken wir – ganz kurz wieder vor den Grüften, wo der Ausgang ist – links an seinem Mauerweg noch das Grab von Pauline Schmidt (C 148). Auf dem Kreuz stehen ihre Lebensdaten: 27. Dezember 1840 bis 18. Juni 1856. Jawohl, hier ruht das zündelnde Paulinchen aus dem, 1858 erweiterten, endgültigen *Struwwelpeter.* »Und Minz und Maunz, die kleinen, / die sitzen da und weinen«.

Siebter Spaziergang
Von der Schillerruhe durch den Stadtwald zum Goetheturm und Südbahnhof

Stadtgrenze Neu-Isenburg / Darmstädter Landstraße – Schillerruhe – Welscher Weg – Mendelssohnweg – Mendelssohnruhe – Mendelssohnweg zurück – Jacobiweiher – Sandbrückschneise – Samstagsweg – Körnereiche – Samstagsweg weiter – Bischofsweg – »Zum Goetheturm« – Waldspielpark Goetheturm – Wendelsweg – Dielmannstraße – Hühnerweg – Wendelsplatz – Darmstädter Landstraße – Hedderichstraße – Südbahnhof

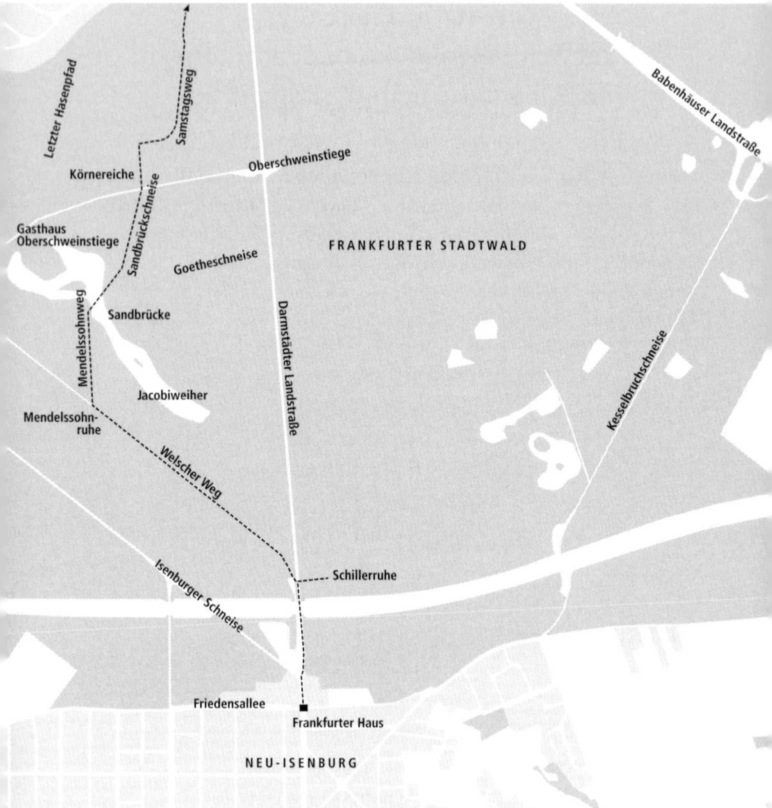

Fortsetzung des Spaziergangs auf Seite 218

»Pfingsten, das liebliche Fest, war gekommen; es grünten und blühten / Feld und Wald; auf Hügeln und Höhn, in Büschen und Hecken / Übten ein fröhliches Lied die neuermunterten Vögel; / Jede Wiese sproßte von Blumen in duftenden Gründen, / Festlich heiter glänzte der Himmel und farbig die Erde.«

Für Johann Wolfgang von Goethe war es eine Selbstverständlichkeit, daß König Nobel seinen Hoftag der Tiere im *Reineke Fuchs* zum Pfingstfest einberuft, wenn die Natur erwacht und reichlich geschmückt ist für eine größere Zusammenkunft nach Menschenart. Doch wenn wir genau lesen, wird es sicher Pfingstdienstag, bis sich Lütke, der Kranich, und Markart, der Häher, und alle die Besten endlich versammelt haben. Beim Dienstag nach Pfingsten nämlich handelt es sich um eine ganz spezielle – von Wilhelm Hauff ja schon teuflisch glossierte – Frankfurter Angelegenheit, einen exklusiven Feiertag auch heute noch, an dem man mit Kind und Kegel hinauszieht ins »Wäldche«, wie hier der Stadtwald heißt. Man freut sich über ein paar freie Stunden, die ausnahmsweise einmal nicht kirchlichem oder nationalem Gedenken geschuldet sind. Das also ist die beste Zeit, Gerichtstag zu halten über den Lauf der Welt; und da natürlich ist auch der rechte Ort für einen letzten literarischen Spaziergang.

Aus Frankfurt kommt man schnell hinaus. Man fährt zum Beispiel von der Hauptwache mit der U-Bahn bis zum Südbahnhof – und von dort in zehn Minuten mit der Straßenbahn (Linie 14) zur Stadtgrenze bei Neu-Isenburg. Hier an der Endhaltestelle ist auch die Grenze des Stadtwalds. Wenn wir den Fußpfad rechts neben der Darmstädter Landstraße zurück in den Wald gehen, sehen wir gleich nach der Autobahnunterführung rechts eine Gattertür, hinter der nach zehn Metern rechts ein übermannshoher Gedenkstein steht. Er erinnert an einen Wanderer, dem an dieser kleinen Lichtung vor gut zweihundert Jahren die Kräfte schwanden, als er versuchte, auf der Flucht vor seinem Württemberger Landesherrn die freie Stadt Frankfurt zu erreichen. Es war Friedrich Schiller, der mit seinem Freund, dem Klavierbauer Andreas Streicher, Anfang Oktober 1782 notgedrungen zu Fuß unterwegs war; »denn das kleine Kapital«, schrieb Streicher später in seinem Erlebnisbericht über diesen abenteuerlichen Ausflug, »war durch die Herreise, durch das Verweilen in Mannheim so herabgeschwunden, daß es bei der größten Sparsamkeit nur noch zehn oder zwölf Tage ausreichen konnte«. Schiller also war erschöpft und ruhte hier im Stadtwald ein paar Stunden. Dann setzten die beiden Herren ihren Gewaltmarsch fort und kamen noch vor der Dämmerung nach Sachsenhausen.

Die »Schillerruhe« hat gutgetan. Schon zwei Tage später kann Streicher von einem durchaus gelungenen Stadtbummel erzählen, den der junge Dichter vorsichtshalber inkognito unternahm, zu Anfang jedenfalls: »Der nächste Vormittag wurde dazu verwendet, um die in der Geschichte Deutschlands so merkwürdige Stadt etwas sorgfältiger als gestern geschehen konnte, zu besehen und auch einige Buchläden zu besuchen. In dem ersten derselben erkundigte sich Schiller, ob das berüchtigte Schauspiel die Räuber guten Absatz finde und was das Publikum darüber urteile? Die Nachricht über das erste fiel so günstig aus und die Meinung der großen Welt wurde so außerordentlich schmeichelhaft geschildert, daß der Autor sich überraschen ließ und, ungeachtet er als Doktor Ritter vorgestellt worden, dem Buchhändler nicht verbergen konnte, daß er, der gegenwärtig das Vergnügen habe mit ihm zu sprechen, der Verfasser davon sei. Aus den erstaunten, den Dichter messenden Blicken des Mannes ließ sich leicht abnehmen, wie unglaublich es ihm vorkommen müsse, daß der so sanft und freundlich aussehende Jüngling so etwas geschrieben haben könne. Indes verbarg er seine Zweifel, indem er durch mancherlei Wendungen das vorhin ausgesprochene Urteil, welches man so ziemlich als das allgemeine annehmen konnte, wiederholte. Für Schiller war jedoch dieser Auftritt sehr erheiternd; denn in einem solchen Zustande, wie er damals war, konnte auf sein bekümmertes Gemüt nichts so angenehmen Eindruck haben als die Anerkennung seines Talents und die Gewißheit der Wirkung, von der alle seine Leser ergriffen worden.«

Was sich Schiller erlaufen mußte, das fiel Felix Mendelssohn Bartholdy in den Schoß: der Ruhm in Frankfurt. Schon als das dreizehnjährige Wunderkind 1822 erstmals im Musiksaal des Cäcilienvereins als Pianist auftrat, war das Aufsehen groß. Und auch später wurde der Komponist noch oft gefeiert in der Stadt – aber seinen Gedenkstein im Wald erhielt er nicht fürs Schlafen. Wir finden den Findling, wenn wir die Darmstädter Landstraße direkt an der Schillerruhe überqueren, gegenüber wieder durch ein Gattertor und dann gleich nach rechts, dem Straßenbahngleis entlang, den Welschen Weg gehen. Nach Eulenpfad und Schäferschneise kreuzt schließlich der Mendelssohnweg. Ihm folgen wir links, also über das Gleis, etwa hundert Meter, bis rechter Hand der kleine Rastplatz mit dem kugeligen Monument auftaucht. »Zur Erinnerung an Felix Mendelssohn Bartholdy«, heißt die ordentliche Inschrift, »zu dessen Ehren hier im Juli 1839 von Frankfurter Familien ein Fest gefeiert wurde«.

Der Komponist war entzückt. Sofort (am 3.7.) schrieb er an seine Mutter: »Das schönste was ich aber in meinem Leben bis jetzt von Gesellschaften gesehen habe, war ein Fest im Walde hier, das ich Dir genau beschreiben muß, weil es einzig in seiner Art war. Eine Viertelstunde vom Wege ab, tief im Walde, wo hohe dicke Buchen einzeln stehn und oben ein großes Dach bilden, und man rings umher nur grünen Wald durch die vielen Stämme durchschimmern sah, da war das Local; man mußte auf einem kleinen Fußweg durch's Gesträuch sich dahin arbeiten, und sobald man auf dem Platze ankam, sah man in der Entfernung die vielen weißen Gestalten unter einem Rand von Bäumen, die mit dicken Blumenkränzen verbunden waren und der den Concertsaal vorstellte. – Wie lieblich da der Gesang klang, wie die Sopranstimmen so hell in die Luft trillerten, und welcher Schmelz und Reiz über dem ganzen Tönen war, alles so still und heimlich und doch so hell, – das hatte ich mir nicht vorgestellt ... Wie sie sich nun den Abend unter die Bäume stellten, und mein erstes Lied ›ihr Vöglein in den Zweigen schwank‹ anhoben, da war es in der Waldstille bezaubernd, daß mir beinah die Thränen in die Augen kamen. Wie lauter Poesie klang es.«

Da der Wald noch voller Bäume ist, kein Haus, kein Auto weit und breit, könnten wir am Fest für Mendelssohn gut teilnehmen, nur daß es mit der Waldesstille nicht mehr allzuweit her ist.

»Hätte der Wald Grillen in sich, hörte man sie kaum. Überall hört man dafür, auch wenn man im tiefsten Unterholz liegt, die Autos, die auf einer der Autobahnen durch den Wald fahren. Wenn der Lärm von oben kommt, stammt er von einem der Flugzeuge, die auf dem Rhein-Main-Flughafen landen, der mit ebenso gutem Recht Stadt-Airport heißen könnte. Andere Lärme sind: Motoren von Mofas mit fröhlichen Jugendlichen drauf, Musik aus Kassettenrekordern, die von Liebespaaren mitgetragen werden, damit sie nie miteinander reden müssen. Schüsse, das Trappeln von Hufen der Pferde der berittenen Polizei, das gummige Tappen der Turnschuhe der Trimm-dich-Läufer, das Zwitschern einiger Vögel. Es gibt zwar in diesem Wald eine Goetheruhe, eine Schillerruhe und eine Mendelssohnruhe. Aber das sind alte Ruhen. Es gibt keine Kirchhoffruhe, keine Kurzeckruhe, keine Demskiruhe, und ich fürchte, es wird sie auch nie geben. Die Frankfurter Dichter sind selber kaum ruhiger als ihr Wald.« Dies schrieb der nicht minder ruhelose Urs Widmer, der vom Main längst wieder an die Limmat gezogen ist, und er hat recht. Denn wo früher die Vöglein sangen, machen sich heute vor allem die Großvögel der internationalen Airlines lauthals bemerkbar. Nur wenige Kilometer entfernt breitet sich Europas größter Fracht- und zweitgrößter Passagierflughafen aus, früher Rhein-Main Flughafen, heute Fraport geheißen, ein eigenständiger Frankfurter Stadtteil mit der gesamten Infrastruktur einer Stadt, in der Tag und Nacht 65 000 Menschen arbeiten. Da gibt es ein Krankenhaus, Dutzende von Restaurants, Boutiquen und Supermärkte, eine Kirche, Hotels, zwei Bahnhöfe und eine vollautomatische Skyline-Hochbahn. Die »Frankfurt Airport City« ist mehr als ein Flughafen, sie ist eine pulsierende Stadt mit jährlich über 50 Millionen Durchreisenden – ein Albtraum für viele und ein jahrelanges Streitobjekt um immer weiteres Wachstum an Flächen, Lande- und Startbahnen, Lärm und Umwelt-

Südbahnhof
Wendelsplatz
MAIN
Mörfelder Landstraße
Darmstädter Landstraße
Willemer-
häuschen
Henninger Turm
SACHSENHAUSEN
Wendelsweg
Südfriedhof
Sachsenhäuser Warte
Zum Goetheturm
Lerchesberg

verschmutzung, aber auch Deutschlands größter Arbeitsplatz und Wirtschaftsmotor nicht nur der Region. Schließlich verdankt die Megapolis Rhein-Main ihr Wohlergehen seit dem frühen Mittelalter ihrer Verkehrslage, zuerst der einzigen Brücke am Untermain, später dem alles verbindenden Eisenbahn- und Straßenkreuz im Zentrum Europas, zuletzt dem der Lüfte. Wir werden aber »Fraport« keinen Besuch abstatten (er ist vom Hauptbahnhof mit der S-Bahn in 12 Minuten zu erreichen) – wir sehen uns lieber hier im Wald dem Kontrast von Mendelssohns romantischen Naturempfindungen und dem Düsenlärm der niedrig über den Bäumen startenden oder landenden Flugzeuge ausgesetzt.

Wir wandern auf dem Mendelssohnweg zurück, über die Straßenbahnschienen und immer weiter, bis wir auf einem Holzbrückchen den Jacobiweiher überqueren. Hier könnte der Spaziergänger auf die Suche gehen nach einer *Eule im Norwegerpullover*, die der unvergleichliche F. K. Waechter als erste Figur einer ganzen Reihe »Komische Kunst in Bäumen« geschaffen hat und die uns von einem Ast aus fixiert. Aber wir gehen weiter, nicht gleich links am Wasser entlang, sondern biegen erst bei der nächsten Möglichkeit halb links in die Sandbrückschneise ein. Kurz darauf kommt eine große Weggabelung, an der wir halb rechts dem Samstagsweg folgen, wo nach zwanzig Metern rechts auf einer kleinen Lichtung ein zweieinhalb Meter hoher Findling aus dem Odenwald die »Körnerruhe« anzeigt. Frankfurter Turner pflanzten hier 1863 eine sogenannte Körnereiche zum 50. Todestag des im Alter von einundzwanzig Jahren als Lützower Jäger gefallenen Freiheitsliedersängers – ein Beispiel dafür, wie Literatur auch ohne örtlichen Einsatz eines Dichters in den Wald kommt ...

Olympischer Überblick: der Goetheturm
über Sachsenhausen

Der Spaziergänger aber läßt sich fortan nicht mehr durch Findlinge ablenken, die mehr oder weniger zufällig an Frankfurts Peripherie herumstehen. Für ihn, der seine literarische Spurensuche im Schatten Goethes begonnen hat, schließt sich der Kreis, ein Rundgang in sieben Wegen, selbstverständlich wieder mit Goethe. Sein Name wird uns auf dieser letzten Tour nicht mehr verlassen. Freilich, identisch sind Ausgangs- und Endpunkt unserer ganzen Stadtwanderung jedoch nicht. Denn wenn wir am Ziel sind, werden wir immerhin vom jungen Genie zum altersweisen Dichterfürsten fortgeschritten sein, also auch ein Leben in großen Schritten abgelaufen haben. Daß wir dabei nicht immer auf der geraden Goethe-Straße geblieben sind, sondern auch allen möglichen anderen Kunstgipfeln Frankfurts die Aufwartung machten, wird uns der große Sohn der Literaturstadt nachsehen. »Jeder Weg zum rechten Zwecke / Ist auch recht in jeder Strecke«, reimte er in späten Tagen.

Nun also tapfer zurück von der Körnereiche zum Samstagsweg. Auf ihm wandern wir weiter, über Stoltze- und Wartschneise hinweg, bis wir an der Darmstädter Landstraße aus dem Stadtwald heraustreten. Etwa eine Stunde waren wir im »Wäldche«. Jetzt gehen wir, nach Überquerung der Straße, an seinem Nordrand entlang, an Sportplätzen vorbei, gelangen – mit einem kleinen Schlenker nach rechts zur Ampel – auch noch gut über die sehr breite Babenhäuser Landstraße und setzen unseren Weg, der jetzt »Zum Goetheturm« heißt, auf der anderen Seite fort. Links schieben sich die ersten Häuser aus der Stadt heran, rechts kommt endlich – zum letzten Mal – die Stoltzeschneise aus dem Wald, dann stehen wir auch schon vor dem großen Kinderspielpark am Fuß des höchsten deutschen Holzturms. 196 Stufen führen 43 Meter hinauf über die Wipfel der

Bäume, der Blick geht weit über die Stadt und den Wald. Der Goetheturm erstand erst 1931, und die kleine *Reineke Fuchs*-Szene am Eingangsschild zum Spielplatz ist noch viel jüngeren Datums.

Aber der Dichter, der wenige Meter unterhalb des Ausflugslokals »Goetheruh« sein Stammplätzchen gehabt haben soll, kam hier schon recht häufig den Wendelsweg herauf, um die wunderbare Aussicht zu genießen, auf die Wiesen und Felder, den Main, das Häusergewirr und den Taunus dahinter. Es war dieses, auch gern gemalte, Bild, das er im Kopf hatte, als er Faust mit Famulus Wagner auf den Osterspaziergang schickte:

»Vom Eise befreit sind Strom und Bäche
Durch des Frühlings holden, belebenden Blick;
Im Tale grünet Hoffnungsglück;
Der alte Winter, in seiner Schwäche,
Zog sich in rauhe Berge zurück.
Von dorther sendet er, fliehend, nur
Ohnmächtige Schauer körnigen Eises
In Streifen über die grünende Flur;
Aber die Sonne duldet kein Weißes:
Überall regt sich Bildung und Streben,
Alles will sie mit Farben beleben;
Doch an Blumen fehlt's im Revier,
Sie nimmt geputzte Menschen dafür.
Kehre dich um, von diesen Höhen
Nach der Stadt zurückzusehen.
Aus dem hohlen finstern Tor
Dringt ein buntes Gewimmel hervor.
Jeder sonnt sich heute so gern.
Sie feiern die Auferstehung des Herrn,

Denn sie sind selber auferstanden,
Aus niedriger Häuser dumpfen Gemächern,
Aus Handwerks- und Gewerbesbanden,
Aus dem Druck von Giebeln und Dächern,
Aus der Straßen quetschender Enge,
Aus der Kirchen ehrwürdiger Nacht
Sind sie alle ans Licht gebracht.
Sieh nur, sieh! wie behend sich die Menge
Durch die Gärten und Felder zerschlägt,
Wie der Fluß, in Breit' und Länge,
So manchen lustigen Nachen bewegt,
Und bis zum Sinken überladen
Entfernt sich dieser letzte Kahn.
Selbst von des Berges fernen Pfaden
Blinken uns farbige Kleider an.
Ich höre schon des Dorfs Getümmel,
Hier ist des Volkes wahrer Himmel,
Zufrieden jauchzet groß und klein;
Hier bin ich Mensch, hier darf ich's sein.«

Ja, so muß es einmal gewesen sein. Heute ist der Goetheturm auch mal die Zuflucht eines Mörders, den der Kommissar Marthaler in Jan Seghers (alias Mathias Altenburgs) Kriminalroman *Ein allzu schönes Mädchen* verfolgt, und der dieses Ende nimmt:

»Plöger saß jetzt auf der Brüstung. 43 Meter über dem Erdboden. Die Journalisten schrieen aufgeregt durcheinander, Hendrik Plöger breitete seine Arme aus. Für einen kurzen Moment verstummten alle Rufe. Marthaler meinte, in der Ferne bereits das Knattern des Helikopters zu hören. Dann sprang Plöger. Mit einem langen, gellenden Schrei fiel er in die Tiefe. Marthaler wandte sich ab. Er hörte, wie Plögers Körper ein paar Meter weiter zwischen den Koniferen aufschlug. Im selben Moment wußte Marthaler, daß er dieses Geräusch nie wieder vergessen würde.«

Womit wir unsere unvollständige Chronik der literarischen Kriminalfälle beenden und lieber mit Goethe weiterspazieren. Denn wenn wir nun den Wendelsweg hinuntergehen nach Sachsenhausen, kommt es uns vor, als ob Osterglocken und Pfingstrosen zugleich blühten in den weiten Gärten links und rechts der Straße. Wenn der Dichter will, ist immer Frühling – auch da, wo wir uns der letzten Goethe-Gedächtnisstätte nähern, die eher mit dem Spätsommer zu tun hat und mit dem Herbst. Schon kommt von rechts der Reversbrunnenweg, die Gärten weichen den Häusern, der Lettigkautweg, die Bornemann- und die Steinhausenstraße führen hinauf auf den Mühlberg. Wir aber gehen bis zur Dielmannstraße, sehen von dort aus die mächtigen Bäume eines von hohen Mauern umsäumten Parks und bewundern mit Eva Demski »die Pracht des chilenischen Generalkonsulats, welches ein sehr spezielles Frankfurter Fürstentum beherbergt: das des Ehrenbürgers und Konsuls Bruno H. Schubert. Der Konsul ist berühmt für seine Tischgesellschaften und den weißen Kakadu, der sie pünktlich zu beenden pflegt. Frankfurt war nie Residenzstadt, aber es ist hier immer gelungen, eine eigene Art Aristokratie heimisch werden zu lassen, mit bürgerlichem Glanz und ziemlich viel Gloria.« Und, nicht zu vergessen, mit der mäzenatischen Hand für Wissenschaft und Künste.

Wir gehen jetzt weiter, nur noch Goethen im Sinn, und zwar nicht in den hier abzweigenden Johanna-Melber-Weg, genannt nach der Schwester von Goethes Vater, der »Tante Melber«, sondern kurz vorher rechts in die Diel-

Allerschönste Zeit: das Willemerhäuschen mit Ginkgo

mannstraße und dann gleich links in den Hühnerweg. Hier stoßen wir direkt auf einen zweistöckigen, schieferverkleideten Pavillon, ein klassizistisches Gartenhaus, das – wie eine freundliche Inschrift mitteilt – »in ehemals aussichtsreicher Lage« um 1810 erbaut wurde. Jetzt steht daneben das Schwesternheim eines Krankenhauses; die Aussicht ist nicht mehr berückend, aber die Einkehr obligatorisch für jeden Literaturfreund, auch wenn nur noch ein originaler Waschtisch von der einstigen Turmherrin erzählt.

Am »Willemerhäuschen«, ursprünglich gedacht als Unterstand in den weitläufigen Weinbergen des Herrn von Willemer, kamen sich Goethe und Frau Marianne erstmals romantisch näher, als sie am 18. Oktober 1814 gemeinsam auf die Freudenfeuer blickten, die zum Jahrestag der Leipziger Völkerschlacht ringsum entzündet wurden. Der Dichter erinnerte sich später gern an diesen wunderbaren Abend, an seine »allerschönste Zeit« mit den »so zierlich aufpunktierten Flämmchen«. Da war das private Feuerwerk zwischen ihm und seiner Frankfurter »Suleika« längst erloschen; es hatte, wie wir wissen, nicht einmal ein Jahr gedauert. Schon kurz nach der Feier seines 66. Geburtstags schickte er, im September 1815, ein Ginkgo-Blatt auf die Gerbermühle, als Sinnbild der ruhigen Freundschaft. Auch das berühmte Gedicht dazu entstand in jenen schweren Tagen des Rückzugs und der Trennung. Der Zierbaum, der mit seinen eigenartigen Blättern dem Dichter das Symbol gestiftet haben soll und dem Siegfried Unseld ein Büchlein mit dem Untertitel *Ein Baum und ein Gedicht* widmete, steht heute noch neben dem Petri-Häuschen der Brentanos im Stadtteil Rödelheim am Nidda-Wehr. Am »Willemerhäuschen« wurde schließlich ein eigener Ginkgo gepflanzt, der schon beachtliche Höhe erreicht hat. Er mag uns genügen zum Zeichen dafür, wie man formvollendet über die Welt hinauswächst:

Gingo biloba

Dieses Baums Blatt, der von Osten
Meinem Garten anvertraut,
Gibt geheimen Sinn zu kosten,
Wie's den Wissenden erbaut.

Ist es ein lebendig Wesen,
Das sich in sich selbst getrennt?
Sind es zwei, die sich erlesen,
Daß man sie als eines kennt?

Solche Fragen zu erwidern,
Fand ich wohl den rechten Sinn;
Fühlst du nicht an meinen Liedern,
Daß ich eins und doppelt bin?

Die dichterische Gesetztheit sollte uns auch den Abschied erleichtern. Langsam wandern wir den Hühnerweg hinunter, an der Mariannenstraße, die rechts zwischen zwei Krankenhäusern liegt, und an einem Sandsteinpavillon vorbei, wo eine Treppe steil hinabführt auf die Offenbacher Landstraße. Wir aber folgen weiter dem sanften Hühnerweg, kommen so zum großen Wendelsplatz, gehen durch die Eisenbahnunterführung gegenüber und danach gleich links in die Hedderichstraße. Rechts liegt am Weg ein Straßenbahndepot, links kommt alsbald der Südbahnhof, und wenn wir die nächste Straße, die Schweizer Straße überquerten, fänden wir unter der Nummer 114 eine mit einem

Im Abendlicht: die Skyline

Gutenberg-Relief geschmückte ehemalige Schriftgießerei. Dort residiert heute der altehrwürdige, 1886 von Samuel Fischer in Berlin gegründete S. Fischer Verlag, der aus Frankfurt nicht mehr wegzudenken ist. Hier schließt sich der Kreis unseres letzten Spazierganges. Wer jetzt zur Hauptwache oder direkt zum Hauptbahnhof will, der nehme am Südbahnhof die U-Bahn oder die Straßenbahn. Wer allerdings mit uns noch den Goethekreis schließen will, der nehme den Zug zum Hauptbahnhof, allerdings nur den Regionalexpress, denn der allein bleibt über der Erde und bringt uns ohne Zwischenstation im großen Bogen, noch einmal am Stadtwald vorbei, über den Main zum Ausgangspunkt unserer ersten Tour zurück. Und kurz bevor die Bahn den Weg nach rechts über die Main-Neckar-Brükke nimmt, werfen wir links einen Blick über den Stadtteil Niederrad. Es ist dies das ehemalige Dorf vor den Toren der Stadt, dem sich die heutige Bürostadt Niederrad anschließt, an deren imposanter Silhouette jeder Autofahrer auf der Autobahn nach Süden vorbeifährt; es ist dies aber auch das Quartier des Sports, mit seinen zentralen deutschen und olympischen Organisationen, mit Golf-Club, Schwimmbädern, Galopprennbahn und Stadion, in dessen Arena 50 000 Zuschauer Platz finden, unter einem wie ein Schirm zusammenklappbaren Dach, weshalb man sie auch mit einem weiteren Frankfurter Superlativ »das größte Cabrio der Welt« nennt. Hier finden die Spiele des Traditionsvereins Eintracht statt sowie die »galaktischen« des »American Football«, hier gibt es Rockkonzerte und sogar große Oper. Und vielleicht sehen wir heute vom Mainufer aus mit einem leicht verklärten Blick noch etwas von dem, was Rahel Varnhagen von Ense hier gesehen hat, in deren Berliner Salon das literarische Leben der ausgehenden Goethezeit spielte. Am späten Abend des 20. August 1815 jedenfalls schrieb sie ihrem Gatten Karl August nach Paris von einer Begegnung der dritten Art:

»Wir fahren zu einem herrlichen Thore hinaus, an einem herrlichen Kai am Main vorbei, an kultivirten Gärten in der wohlhabenden Gegend, durch Weingefilde, im köstlichsten gesündesten Wetter (wie es in zwanzig Jahren nicht war), nach einem Forsthause, wo man Kaffee nimmt; dort gehen wir im Walde spaziren; wir treten endlich aus dem Wald, sehen eine weite schöne Wiese, am Ende ein hellbeschienen Dorf. Der Herr fragt, ob wir das sehen wollen. Ich sage, die Sonne sei zu stark, lieber später; er sagt, es ist Niederrad, das Dorf, wovon Goethe so viel schreibt, wo er immer mit seinen jungen Freunden hinging. Dann wollen wir durch die Sonne, sag' ich: und Schauder grieselt mir über die Backen. Getrost, fröhlich, ja zerstreut im Gespräch, gehen wir hin; es hat Straßen, wie die österreichischen Dörfer; ich tadle das; wenig Menschen gehen hin und wieder: ein niedriger halber Wagen, mit einem Bedienten, fährt den langsamsten Schritt; ein Herr fährt vom Bock, drei Damen in Trauer sitzen drin, ich sehe in den Wagen, und sehe Goethen. Der Schreck, die Freude machen mich zum Wilden: ich schrei mit der größten Kraft und Eile: ›Da ist Goethe!‹ Goethe lacht, die Damen lachen: ich aber packe die Vallentin, und wir rennen dem Wagen voraus, und kehren um, und sehen ihn noch Einmal; er lächelte sehr wohlgefällig, beschaute uns sehr, und hielt sich Kräuter vor der Nase, mit denen er das Gesicht fächelte, das Lächeln und das Wohlwollen uns, aber besonders seiner Gesellschaft, die eigentlich kikerte, zu verbergen. Der Wagen hält in seiner Langsamkeit endlich ganz, der Herr vom Bock wendet sich, und sagt: Das ist der Schwan! Nämlich, das Wirthshaus, von welchem Goethe schreibt, dort immer eingekehrt zu sein. Also auch Goethe ging heute in seine Jugend wallfahrten, und ich, deine Rahel, trifft ihn, macht ihm eine Art Scene; greift ein in sein Leben! Dies ist mir ja lieber, als alles Vorstellen, alles Kennenlernen. Als ich ihn das zweitemal sehen wollte, sah ich ihn nicht, ich war so roth wie Scharlach, und auch blaß, ich hatte den Muth nicht. Und als er vorbei war, am Ende der Straße durch ein Fabrikgebäude und eine Pappelallee entlang aus dem Dorfe fuhr, zitterten mir Kniee und Glieder mehr als eine halbe Stunde. Und laut, und wie rasend, dankte ich Gott in seine Abendsonne laut hinein.«

Textnachweise

Adorno, Theodor W.: Aufarbeitung der Vergangenheit. Reden und Gespräche 1955-1969. 2 Tonkassetten. Hessischer Rundfunk, Frankfurt am Main
– Gefährliche Senckenberganlage. In: Frankfurter Allgemeine Zeitung vom 18. 7. 1962
– *Bibliographische Grillen.* In: Akzente 6/63. Carl Hanser Verlag, München 1963, S. 693
Altenburg, Matthias: Ein allzu schönes Mädchen. Rowohlt Taschenbuch Verlag, Reinbek bei Hamburg 2005, S. 365
Andersen, Hans Christian: Bilderbuch ohne Bilder. Aus dem Dänischen von Bernhard Jolles. Insel Verlag Frankfurt am Main 1955, S. 51 f.
Arnim, Bettina von: Die Günderode. Herausgegeben von Elisabeth Bronfen. Matthes und Seitz Verlag, München 1982, S. 161
Baggesen, Jens: Das Labyrinth oder Reise durch Deutschland in die Schweiz 1789. Übertragen und herausgegeben von Gisela Perlet. Verlag C. H. Beck, München 1986, S. 254
Bechstein, Ludwig: Sage vom Eschenheimer Turm. In: L. B.: Aus dem Sagenschatz der Hessen. Herausgegeben von Wolfgang Möhrig. Druck- und Verlagsgesellschaft Husum 1983, S. 8
Bergengruen, Werner: Deutsche Reise. Nymphenburger Verlagshandlung, München 1959, S. 115
Binding, Rudolf G.: Erlebtes Leben. Rütten & Loening, Frankfurt am Main 1927, S. 39 f.
Boehlich, Walter: 1948. Dokumentation in 9 Szenen. Verlag der Autoren, Frankfurt am Main 1991, Klappentext
Boisserée, Sulpiz: Tagebücher 1808-1854. Herausgegeben von Hans-J. Weitz. Eduard Roether Verlag, Darmstadt 1978, S. 257 f. (28. 8. 1815)
Börne, Ludwig: Sämtliche Schriften. Herausgegeben von Inge und Peter Rippmann. Joseph Melzer Verlag, Düsseldorf 1977. Bd. 1, S. 7
Brentano, Clemens: Die Gründung Prags. Prolog. In: C. B.: Gesammelte Schriften. Herausgegeben von Christian Brentano. J. D. Sauerländer's Verlag 1852. Bd. 6, S. 7

Busch, Wilhelm: Die fromme Helene. In: W. B.: Gesamtausgabe. Herausgegeben von Otto Nöldeke. Verlag Braun und Schneider, München 1943. Bd. 2, S. 395 f.
Canetti, Elias: Die Fackel im Ohr. © 1980 Carl Hanser Verlag, München – Wien. Zitiert nach der Ausgabe des Fischer Taschenbuch Verlags, Frankfurt am Main 1979, S. 79, S. 113
Castelli, Ignaz Franz: Memoiren meines Lebens. Zitiert nach: Liebe zu Frankfurt. Herausgegeben von Hilde Kathrein und Laura Krüger. Societäts-Verlag, Frankfurt am Main 1990, S. 149 f.
Chotjewitz Häfner, Renate: Frankfurt – Ein literarischer Wegweiser. In: Frankfurt. Literarische Spaziergänge. Herausgegeben von Maria Gazzetti. Fischer Taschenbuch Verlag, Frankfurt am Main 2005
Courbet, Gustave: Brief an Jules Castagnary. Zitiert nach: Courbet und Deutschland. Herausgegeben von der Hamburger Kunsthalle. DuMont Buchverlag, Köln 1978, S. 27
Demski, Eva: Unberühmt in Sachsenhausen. In: Hinter Frankfurt das Meer. Herausgegeben von Ruth Führer. Societäts-Verlag, Frankfurt am Main 2005, S. 95
Dumas, Alexandre: Excursions sur les Bords du Rhin. Calmann-Lévy Editeurs, Paris o. J. Bd. 2, S. 97 f. (Übersetzt von Siegfried Diehl)
Fassbinder, Rainer Werner: Der Müll, die Stadt und der Tod / Nur eine Scheibe Brot. Verlag der Autoren, Frankfurt am Main 1998, S. 58 f.
Frisch, Max: Tagebuch 1946-1949. Suhrkamp Verlag Frankfurt am Main 1970, S. 37 (Mai 1946)
Geißler, Horst Wolfram: Der letzte Biedermeier. Ein Frankfurter Roman aus dem Vormärz. Alexander Duncker Verlag, Weimar 1916, S. 5
Genazino, Wilhelm: Der Fleck, die Jacke, die Zimmer, der Schmerz. Copyright © 1989 by Rowohlt Verlag GmbH, Reinbek bei Hamburg, S. 187
Gerteis, Walter: Das unbekannte Frankfurt. Dritte Folge. Verlag Frankfurter Bücher, Frankfurt am Main 1963, S. 70
– *Das unbekannte Frankfurt. Zweite Folge*, S. 96
Gernhardt, Robert: Raum, Zeit und Witz. In: Frankfurt. Literarische

Spaziergänge. Herausgegeben von Maria Gazzetti. Fischer Taschenbuch Verlag, Frankfurt am Main 2005. S. 145/148/151 f. © Literaturhaus Frankfurt am Main

Gontard, Susette: Brief an Friedrich Hölderlin. Zitiert nach: Hölderlin in Homburg. Herausgegeben von Bertold Hack. Druckerei Weisbecker, Frankfurt am Main 1979, S. 275 f.

Goethe, Katharina Elisabeth: Brief an Johann Wolfgang von Goethe. In: Die Briefe der Frau Rath Goethe. Herausgegeben von Albert Köster. Insel Verlag Leipzig 1908. Bd. 1, S. 279 f.

Goethe, Johann Wolfgang: Dichtung und Wahrheit, Erstes Buch. In: Goethes Werke. Herausgegeben von Erich Trunz. Verlag C.H. Beck, München 1981. Bd. 9, S. 10

– *Faust II, 4. Akt.* In: Goethes Werke. Bd. 3, S. 306 f.

– *Dichtung und Wahrheit. Zweites Buch.* In: Goethes Werke. Bd. 9, S. 53

– *Reineke Fuchs. Erster Gesang.* In: Goethes Werke. Bd. 2, S. 285

– *Sprüche.* In: Goethes Werke. Bd. 1, S. 314

– *Faust I. Vor dem Tor.* In: Goethes Werke. Bd. 3, S. 35 f.

– *Gingo biloba.* In: Goethes Werke. Bd. 2, S. 66

Günderode, Karoline von: Allerley Gedanken. In: K. v. G.: Der Schatten eines Traumes. Gedichte, Prosa, Briefe, Zeugnisse von Zeitgenossen. Herausgegeben und mit einem Essay von Christa Wolf. Buchverlag Der Morgen, Berlin 1979, S. 161

Grützke, Johannes: Der Zug der Volksvertreter zur Paulskirche. Stadt Frankfurt am Main o. J., S. 9

Hauff, Wilhelm: Mittheilungen aus den Memoiren des Satans, 2. Teil, 3. Kapitel. Gebrüder Franckh, Stuttgart 1827, S. 179 f.

Heine, Heinrich: Erinnerung. In: H. H.: Sämtliche Schriften. Herausgegeben von Klaus Briegleb. Ullstein Verlag, Frankfurt am Main – Berlin – Wien 1981. Bd. 1, S. 249

– *Der Rabbi von Bacherach. Drittes Kapitel.* In: Sämtliche Schriften. Bd. 1, S. 494

– *Ludwig Börne. Eine Denkschrift. Erstes Buch.* In: Sämtliche Schriften. Bd. 7, S. 31 f.

– *Briefe aus Berlin. Zweiter Brief.* In: Sämtliche Schriften. Bd. 3, S. 35 f.

Henscheid, Eckhard: Henscheids fiktive Anekdoten. In: Adorno in

Frankfurt. Herausgegeben von Wolfram Schütte. Suhrkamp Verlag Frankfurt am Main 2003, S. 392

Hindemith, Paul: Briefe. Herausgegeben von Dieter Rexroth. Fischer Taschenbuch Verlag, Frankfurt am Main 1982, S. 107

Hoffmann, E. T. A.: Meister Floh. In: E. T. A. H.: Gesammelte Werke. Aufbau Verlag, Berlin und Weimar 1982. Bd. 7, S. 306, 406 f.

Hoffmann, Heinrich: Ein Brief an die Redaktion der Gartenlaube. Zitiert nach: Struwwelpeter-Hoffmann. Herausgegeben von G. H. Herzog und Helmut Siefert. Verlag Heinrich-Hoffmann-Museum, Frankfurt am Main 1978, S. 11 f.

– *Der Struwwelpeter.* Verlag Heinrich-Hoffmann-Museum, Frankfurt am Main 1979

– *Allerseelen-Büchlein.* Literarische Anstalt, Frankfurt am Main 1858, S. 46

Hölderlin, Friedrich: Sämtliche Werke. Herausgegeben von Friedrich Beissner. J. G. Cottasche Buchhandlung Nachfolger, Stuttgart 1944. Bd. 1, S. 227, 301

Hugo, Victor: Rheinreise. Societäts-Verlag, Frankfurt am Main 1982, S. 154

Humboldt, Wilhelm von: Brief an Caroline vom 17. 7. 1816. In: Wilhelm und Caroline von Humboldt in ihren Briefen. Herausgegeben von Anna von Sydow. Verlag Ernst Siegfried Mittler und Sohn, Berlin 1912, S. 288

Huysmans, Joris-Karl: Trois Primitifs. Edition Messein, Paris o. J., S. 57. (Übersetzt von Siegfried Diehl)

Iffland, August Wilhelm: Brief an Louise vom 6. 11. 1784. In: A. W. Ifflands Briefe an seine Schwester Louise und andere Verwandte. 1772-1814. Herausgegeben von Ludwig Geiger. Selbstverlag der Gesellschaft für Theatergeschichte, Berlin 1904, S. 159

Jean Paul: Brief vom 7. 6. 1818. In: Jean Pauls Briefwechsel mit seiner Frau und Christian Otto. Herausgegeben von Paul Nerrlich. Weidmannsche Buchhandlung, Berlin 1902, S. 266

Jügel, Carl: Das Puppenhaus. Herausgegeben von Wilhelm Pfeiffer-Belli. Verlag Englert und Schlosser, Frankfurt am Main 1921, S. 353

Kaschnitz, Marie Luise: Tage, Tage, Jahre. Insel Verlag Frankfurt am Main und Leipzig 1992, S. 5

Kerr, Alfred: Gesammelte Schriften. Zweite Reihe. Die Welt im Licht. Bd. 1. S. Fischer Verlag, Berlin 1920, S. 155 f.
Kurzeck, Peter: In: Peter Gerhardt, Peter Kurzeck: Als Gast, 24. 1. 2006, www.hr-online.de/kultur,
Laube, Heinrich: Erinnerungen 1841-1881. In: H. L.: Ausgewählte Werke. Herausgegeben von Heinrich Hubert Houben. Max Hesses Verlag, Leipzig o. J. Bd. 9, S. 149 f.
Luther, Martin: Briefe. Herausgegeben von Günther Wartenberg. Insel Verlag Leipzig 1983, S. 63
Maier, Andreas: Ewiger Wäldchestag. In: Frankfurter Allgemeine Zeitung vom 6. 6. 2006. Abdruck mit freundlicher Genehmigung von Andreas Maier.
Mendelssohn Bartholdy, Felix: Reisebriefe aus den Jahren 1830 bis 1832. Herausgegeben von Paul Mendelssohn Bartholdy. Hermann Mendelssohn, Leipzig 1869, S. 194 f.
Mosebach, Martin: Spaziergang zum Portikus. In: Frankfurt. Literarische Spaziergänge. Herausgegeben von Maria Gazzetti, Fischer Taschenbuch Verlag, Frankfurt am Main 2005, S. 127, 131, 137
Müller, Heiner: Autograph im Verlag der Autoren. Zitiert nach dem Klappentext von R. W. Fassbinder: Der Müll, die Stadt und der Tod. Verlag der Autoren, Frankfurt am Main 1998
Nerval, Gérard de: Souvenirs d'Allemagne. Lorely. Michel Lévy Frères, Paris 1855, S. 39 (Übersetzt von Siegfried Diehl)
Paquet, Alfons: Reise. In: A. P.: Auf Erden. Ein Zeit- und Reisebuch in 5 Passionen. Herausgegeben vom Verband der Kunstfreunde in den Ländern am Rhein 1908, S. 5
Pamuk, Orhan: Schnee. Carl Hanser Verlag, München 2005
Raabe, Wilhelm: Eulenpfingsten. In: W. R.: Gesammelte Erzählungen. Verlag Otto Janke, Berlin 1907. Bd. 3, S. 91
Raff, Helene: Joachim Raff. Gustav Bosse Verlag, Regensburg 1925, S. 233
Ringelnatz, Joachim: Gesammelte Gedichte. Büchergilde Gutenberg, Frankfurt am Main 1954, S. 162
Roth, Joseph: Briefe 1911-1939. Herausgegeben von Hermann Kesten. Verlag Kiepenheuer & Witsch, Köln und Berlin 1970, S. 70, 72

Schiller, Friedrich: Sämtliche Werke. Herausgegeben von Gerhard Fricke und Herbert G. Göpfert. Carl Hanser Verlag, München 1960. Bd. 1, S. 205
Schomann, Heinz: Frankfurt am Main und Umgebung. DuMont Buchverlag, Köln 1996, S. 96, 112
Schopenhauer, Arthur: Gründe für Frankfurt. Zitiert nach der Übersetzung von Wilhelm Gwinner. In: Briefe aus Schopenhauers Zeit und Selbstzeugnisse. Herausgegeben von Bertold Hack. Druckerei Weisbecker, Frankfurt am Main 1976, S. 145 f.
– *Über Lärm und Geräusch.* In: A. S.: Sämtliche Werke. Herausgegeben von Wolfgang Freiherr von Löhneysen. Cotta und Insel Verlag, Stuttgart und Frankfurt am Main 1963-65. Bd. 5, S. 754 f.
Schumann, Clara: Tagebuch. Zitiert nach: Beatrix Borchard: Clara Schumann. Ihr Leben. Ullstein Verlag, Frankfurt am Main und Berlin 1991, S. 393 f.
Schumann, Ferdinand: Ebd. S. 406
Schumann, Robert: Jugendbriefe. Herausgegeben von Clara Schumann. Verlag Breitkopf und Härtel, Leipzig 1886, S. 50
Senger, Valentin: Kaiserhofstrasse 12. © Luchterhand Literaturverlag, München, ein Unternehmen der Verlagsgruppe Random House GmbH. Hier zitiert nach der Ausgabe des Deutschen Taschenbuch Verlags, München 1999, S. 128 f.
Soest, Johann Steinwert von: Ein Spruchgedicht zu lob und eer der Statt Franckfortt. Zitiert nach: Robert Diehl: Frankfurt am Main im Spiegel alter Reisebeschreibungen vom 15. bis zum 19. Jahrhundert. Weidlich Reprint 1984, S. 208
Sontag, Henriette: Brief an Charles Keller vom 30. 11. 1827. Zitiert nach: Albert Richard Mohr: Musikleben in Frankfurt am Main. Verlag Waldemar Kramer, Frankfurt am Main 1976, S. 211
Stevenson, Robert Louis: Brief an den Vater. Zitiert nach: Uli Aumüller: »... hätte ich mein Leben lang hier gewohnt.« Frankfurter Rundschau vom 24. 12. 1994
Stoltze, Adolf: Wie der Äppelwei entstand. In: Walter Gerteis, Das unbekannte Frankfurt. Dritte Folge. Verlag Frankfurter Bücher, Frankfurt am Main 1963, S. 52
Stoltze, Friedrich: Der Rewestock ... und *Es is kaa Stadt* ... und *Diesen Kuß* ... Zitiert nach: Johannes Proelß: Friedrich Stoltze. Neu

bearbeitet von Günther Vogt. Societäts-Verlag, Frankfurt am Main 1978, S. 20, 245

– *Gedichte in Frankfurter Mundart.* Verlag Heinrich Keller, Frankfurt am Main 1883, S. 181 f.

Streicher, Andreas: Schillers Flucht. Herausgegeben von Paul Raabe. J. F. Steinkopf Verlag, Stuttgart 1959, S. 127, 137 f.

Suhrkamp, Peter: Briefe an Autoren. Herausgegeben von Siegfried Unseld. Suhrkamp Verlag Frankfurt am Main 1963, S. 90 f.

Varnhagen von Ense, Karl August (Hg.): Rahel. Ein Buch des Andenkens für ihre Freunde. Zweiter Theil. Verlag Herbert Lang, Bern 1972, S. 315 f.

Voltaire: Damals, als an den Ufern des Mains … Zitiert nach: Kurt Flasch: »Ein Magier der Vernunft«. Frankfurter Allgemeine Zeitung vom 19. 11. 1994

Waechter, Friedrich Karl: Der Anti-Struwwelpeter. Diogenes Verlag, Zürich 1982, S. 6

Wagner, Richard: Mein Leben. Herausgegeben von Martin Gregor-Dellin. List Verlag, München 1976, S. 117

Wassermann, Jakob: Der Fall Maurizius. Verlag Albert Langen/Georg Müller, München und Wien 1971, S. 137

Widmer, Urs: Der Stadtwald von Frankfurt. In: Neue Szene Frankfurt. Ein Kultur-Lesebuch. Herausgegeben von Katharina Bleibohn und Wolfgang Sprang. Verlag Waldemar Kramer, Frankfurt am Main 1976, S. 194. Abdruck mit freundlicher Genehmigung von Urs Widmer.

Willemer, Marianne von: Westwind. In: Goethes Werke, a. a. O., Bd. 2, S. 82

Wolfe, Thomas: Briefe. Herausgegeben von Elizabeth Nowell. Aus dem Amerikanischen von Susanna Rademacher. Copyright © 1961 by Rowohlt Verlag GmbH, Reinbek bei Hamburg, S. 132

Wondratschek, Wolf: Früher begann der Tag mit einer Schußwunde. Carl Hanser Verlag, München 1969, S. 45. Abdruck mit freundlicher Genehmigung von Wolf Wondratschek.

Auswahlbibliographie

Althammer, Fritz / Bierwirth, Paul: Wegweiser zu den Grabstätten bekannter Persönlichkeiten auf Frankfurter Friedhöfen. Verlag Waldemar Kramer, Frankfurt am Main 1966

Brandt, Robert und Chotjewitz Häfner, Renate: Literarisches Frankfurt. Verlag Jena 1800, Jena/Berlin 1999

Cropp, J. Albrecht / Diehl, Siegfried: Bummel durch Frankfurt. Süddeutscher Verlag, München 1971

Diehl, Robert: Frankfurt am Main im Spiegel alter Reisebeschreibungen vom 15. bis zum 19. Jahrhundert. Weidlich Verlag, Würzburg 1984

Frankfurter Historische Kommission (Hg.): Frankfurt am Main. Die Geschichte der Stadt. Jan Thorbecke Verlag, Sigmaringen 1991

Fried, Johannes (Hg.): 750 Jahre Messen in Frankfurt. Die Frankfurter Messe. Besucher und Bewunderer. Literarische Zeugnisse aus ihren ersten acht Jahrhunderten. Umschau Verlag, Frankfurt am Main 1990

Gazzetti, Maria (Hg.): Frankfurt. Literarische Spaziergänge. Darin besonders: Renate Chotjewitz Häfner: Frankfurt – ein literarischer Wegweiser. Fischer Taschenbuch Verlag, Frankfurt am Main 2005

Gerteis, Walter: Das unbekannte Frankfurt. Frankfurt am Main. 3 Bde. Verlag Frankfurter Bücher, Frankfurt am Main 1961/1963

Grieser, Dietmar: Goethe in Hessen. Insel Verlag Frankfurt am Main 1982

Hack, Bertold (Hg.): Arthur Schopenhauer. Briefe aus Schopenhauers Frankfurter Zeit und Selbstzeugnisse. Weisbecker Verlag, Frankfurt am Main 1976

Hack, Bertold (Hg.): Hölderlin in Homburg. Weisbecker Verlag, Frankfurt am Main 1979

Hahn, Peter (Hg.): Literatur in Frankfurt. Athenäum Verlag, Frankfurt am Main 1987

Hässlin, Johann Jakob (Hg.): Frankfurt. Stadt und Landschaft. Prestel Verlag, München 1954

Heckmann, Herbert / Michel, Walter: Frankfurt mit den Augen Goethes. Umschau Verlag, Frankfurt am Main 1982

Heckmann, Herbert (Hg.): Frankfurter Lesebuch. Umschau Verlag, Frankfurt am Main 1985
Herder, Hans (Hg.): Hessisches Lesebuch. Insel Verlag Frankfurt am Main 1981
Heym, Heinrich: Lebenslinien. Schicksale aus einer alten Stadt. 3 Bde. Kettenhof Verlag, Frankfurt am Main 1965-68
Hoffmann, Hilmar: Die großen Frankfurter. Societäts-Verlag, Frankfurt am Main 2004
Jaenicke, Anselm / Reifenberg, Benno / Vogt, Günther: Genius loci. Waldemar Kramer Verlag, Frankfurt am Main 1966
Lübbecke, Fried / Hartmann, Georg: Alt Frankfurt – Ein Vermächtnis. Der Goldene Brunnen, Frankfurt am Main 1950
Kathrein, Hilde / Krüger, Laura (Hg.): Liebe zu Frankfurt. Im Urteil von Dichtern, Denkern, Diplomaten. Societäts-Verlag, Frankfurt am Main 1990
Klötzer, Wolfgang (Hg.): Frankfurter Biographie. 2 Bde. Waldemar Kramer Verlag, Frankfurt am Main 1994 und 1996
Klötzer, Wolfgang: Zu Gast im alten Frankfurt. Heinrich Hugendubel Verlag, München 1990
Kramer, Waldemar (Hg.): Frankfurt-Lexikon. Waldemar Kramer Verlag, Frankfurt am Main 1996
Kramer, Waldemar (Hg.): Frankfurt-Chronik. Waldemar Kramer Verlag, Frankfurt am Main 1977
Leweke, Wendelin: Berühmte Frankfurter. Societäts-Verlag, Frankfurt am Main 1989
Leweke, Wendelin: Frankfurter Brunnengeschichten. Societäts-Verlag, Frankfurt am Main 1989
Lohne, Hans: Mit offenen Augen durch Frankfurt. Waldemar Kramer Verlag, Frankfurt am Main 1982
Merten, Klaus / Mohr, Christoph: Das Frankfurter Westend. Prestel Verlag, München 1974
Mohr, Albert Richard: Musikleben in Frankfurt am Main. Waldemar Kramer Verlag, Frankfurt am Main 1976
Müller-Vogg, Hugo (Hg.): Wege zur Stadtgeschichte. Spaziergänge durch Frankfurt. Umschau Verlag, Frankfurt am Main 1995
Nebhut, Ernst / Ahrlé, Ferry: Frankfurter Straßen und Plätze. Societäts-Verlag, Frankfurt am Main 1974

Oberhauser, Fred / Oberhauser, Gabriele: Literarischer Führer durch Deutschland. Insel Verlag Frankfurt am Main 1984

Proelß, Johannes / Vogt, Günther: Friedrich Stoltze. Ein Bürger von Frankfurt. Societäts Verlag, Franfurt am Main 1978

Sandner, Wolfgang: Jazz in Frankfurt. Societäts-Verlag, Frankfurt am Main 1990

Sarkowicz, Hans (Hg.): Die großen Frankfurter. Insel Verlag Frankfurt am Main 1994

Schmidt, Oliver Maria: Die schärfsten Kritiker der Elche. Alexander Fest Verlag, Berlin 2001

Schomann, Heinz: Frankfurt am Main und Umgebung. DuMont Buchverlag, Köln 1996

Schütte, Wolfram (Hg.): Adorno in Frankfurt. Suhrkamp Verlag Frankfurt am Main 2003

Stäblein, Ruthard / Romahn, Carolina / Kulessa, Hanne (Hg.): Die Stadt am Fluß. Literaturstadt Frankfurt am Main. Suhrkamp Verlag Frankfurt am Main 2002

Wahlig, Kurt: Das Frankfurter Straßennamen-Büchlein. Waldemar Kramer Verlag, Frankfurt am Main 1981

Weitz, Hans-J. (Hg.): Marianne und Johann Jakob Willemer. Briefwechsel mit Goethe. Insel Verlag Frankfurt am Main 1965

Wolf, Siegbert (Hg.): Frankfurt am Main. Jüdisches Städtebild. Jüdischer Verlag Frankfurt am Main 1996

Zinzow, Angelika / Leo, Thorsten, Frankfurter Caféklatsch. Cocon Verlag, Hanau 2005

Kulturadressen

Allgemeine Informationen

Touristinfo Römer und Hauptbahnhof, ☎ 21 23 88 00
Bürgeramt, Römerberg, ☎ 2 12 40 00
Institut für Stadtgeschichte, Karmeliterkloster, Münzgasse 9, ☎ 21 23 79 14
Mobilitätszentrale Hauptwache für Verkehrsinfos, ☎ 0 18 05-06 99 60
City-Tours, Stadtrundfahrten in 8 Sprachen, tägl. 10+14 Uhr (Sommer), 14 Uhr (Winter), 2,5 Std., Pick-up-Service am Touristinfo Römer
Kultours-Führungen, Mauerweg 18, ☎ 94 31 63
Ebbelwei-Express, Stadtrundfahrt in historischen Straßenbahnwagen
Mainschiffahrt mit Primus Line am Eisernen Steg, ☎ 13 38 37-0

Literatur

Deutsche Nationalbibliothek, Adickesallee 1, ☎ 15 25 15 25
Freies Deutsches Hochstift, Großer Hirschgraben 23-25, ☎ 13 88 00
Literaturhaus, Schöne Aussicht 2, ☎ 7 56 18 40
Hessisches Literaturforum, Waldschmidtstraße 4, ☎ 40 58 95-23
Romanfabrik, Hanauer Landstraße 186 (Hof), ☎ 49 08 48 29
Holzhausenschlößchen, Justinianstraße 5, ☎ 55 77 91
Autorenbuchhandlung Marx & Co, Grüneburgweg 76, ☎ 72 29 72
Krimibuchhandlung »Die Wendeltreppe«, Brückenstraße 34, ☎ 61 13 41
Buchhandlung Walter König (Kunst, Architektur, Medien), Domstraße 6, ☎ 29 65 88

Museen

Archäologisches Museum, Karmelitergasse 1 (Di-So 10-17, Mi 10-20 Uhr)
Deutsches Architektur Museum, Schaumainkai 43 (Di-So 11-18, Mi 11-20 Uhr)

Deutsches Filmmuseum, Schaumainkai 41 (Di+Do+Fr 10-17, Mi+So 11-20, Sa 14-19 Uhr)
Dommuseum, Domplatz 14 (Di-Fr 10-17, Sa 14-19, So 10-19 Uhr)
Frankfurter Kunstverein, Römerberg/Steinernes Haus (Di-So 11-19 Uhr)
Goethe-Haus, Großer Hirschgraben 23 (Mo-So 10-17.30, Sa 10-18 Uhr)
Heinrich-Hoffmann-Museum, Schubertstraße 20 (Di-So 10-17 Uhr)
Historisches Museum, Saalgasse 19 (Di-So 10-17 Uhr, Mi 10-20 Uhr)
Holzhausenschlößchen, Justinianstraße 5 (Di-Fr 11-17, So 11-15 Uhr)
Ikonen-Museum, Brückenstraße 3-7 (Di-So 10-17, Mi 10-20 Uhr)
Jüdisches Museum, Untermainkai 14-15 (Di-So 10-17, Mi 10-20 Uhr)
Kunsthalle Schirn, Römerberg (Di-So 10-19, Mi+Do 10-22 Uhr)
Liebieghaus, Schaumainkai 71 (Di/Do-So 10-17, Mi 10-20 Uhr)
Museum der Weltkulturen, Schaumainkai 29-37 (Di-So 10-17, Mi 10-20, Sa 14-20 Uhr)
Museum für Angewandte Kunst, Schaumainkai 17 (Di-So 10-17, Mi 10-21 Uhr)
Museum für Kommunikation, Schaumainkai 53 (Di-Fr 9-18, Sa+So 11-19 Uhr)
Museum für Moderne Kunst, Domstraße 10 (Di-So 10-17, Mi 10-20 Uhr)
Museum Giersch, Schaumainkai 83 (Di-Fr 12-19, Sa+So 11-17 Uhr)
Senckenbergmuseum, Senckenberganlage 25 (Mo-Fr 9-17, Mi 9-20, Sa+So 9-18 Uhr)
Stoltze-Museum, Töngesgasse 34 (Mo-Fr 9.30-17, Mi 9.30-20 Uhr)
Städelsches Kunstinstitut, Schaumainkai 63 (Di-So 10-19, Mi+Do 10-21 Uhr)

Theater, Show & Konzerte

Alte Oper, Opernplatz, ☎ 1 34 04 00
Oper Frankfurt, Willy-Brandt-Platz, ☎ 1 34 04 00
Schauspiel Frankfurt, Willy-Brandt-Platz, ☎ 1 34 04 00
Bockenheimer Depot, Bockenheimer Warte, ☎ 1 34 04 00
Mousonturm, Waldschmidtstraße 4, ☎ 40 58 95 20
Fritz-Rémond-Theater, Alfred-Brehm-Platz, ☎ 3 51 66

Die Komödie, Neue Mainzer Straße 14-18, ☎ 28 45 80
Volkstheater, Großer Hirschgraben 21, ☎ 28 85 98
Gallus Theater, Kleyerstraße 15, ☎ 75 80 60 20
The English Theatre, Kaiserstraße 34, ☎ 24 23 16 20
Internationales Theater, Hanauer Landstraße 5-7, ☎ 4 93 05 03
Tigerpalast, Heiligkreuzgasse 16-20, ☎ 9 20 02 20
Theater Willy Praml in der Naxoshalle, ☎ 43 05 47 34
Freies Theater an div. Spielorten, ☎ 5 96 94 90
Stalburg-Theater, Glauburgstraße 80, ☎ 25 62 77 44
Katakombe, Pfingstweidstraße 2, ☎ 49 17 25
Die Schmiere, Kabarett, Seckbächer Gasse 4, ☎ 28 10 66
Die Käs, Kabarett, Waldschmidtstraße 19, ☎ 55 07 36

Arthouse-Kinos

Cinema, Roßmarkt 7, ☎ 1 99 78 55
Deutsches Filmmuseum, Schaumainkai 41, ☎ 21 23 88 30
Eldorado, Schäfergasse 29, ☎ 28 52 05
Filmtheater Valentin, Windthorststraße 84, ☎ 3 08 69 27
Harmonie, Dreieichstraße 54, ☎ 60 60 72 51
Mal Seh'n, Adlerflychtstraße 6 HH, ☎ 5 97 08 45
Orfeos Erben, Hamburger Allee 45, ☎ 70 76 91 00

Livemusik & Clubs

Batschkapp, Maybachstraße 24, ☎ 95 21 84 10
Cocoon Club, Carl-Benz-Straße 21, ☎ 50 69 69 48
Cooky's, Am Salzhaus 4, ☎ 17 05 17
Frankfurter Küche, Hanauer Landstraße 86, ☎ 43 05 68 78
Galerie, Düsseldorfer Straße 1-7, ☎ 96 00 96
King Kamehameha Club, Hanauer Landstraße 192, ☎ 4 80 03 70
Living XXL, Kaiserstraße 29, ☎ 24 29 37 10
Nachtleben, Kurt-Schumacher-Straße 45, ☎ 2 06 50
Sinkkasten, Brönnerstraße 5, ☎ 5 97 55 49
Odeon, Seilerstraße 34, ☎ 28 50 55
Jazzkeller, Kleine Bockenheimer Straße 18a, ☎ 28 85 37
U60311, Roßmarkt, ☎ 297060311

Einige empfohlene Restaurants, Wirtschaften & Cafés auf oder nahe der Route der sieben Spaziergänge

Gourmets

Erno's Bistro, Liebigstraße 15, ☎ 72 19 97
Restaurant Français im Frankfurter Hof, Am Kaiserplatz, ☎ 21 51 18
Tiger-Restaurant, Heiligkreuzgasse 16-20, ☎ 9 20 02 20

Gutbürgerlich

Binding am Goethehaus, Weißadlergasse 15, ☎ 28 82 33
Frankfurter Haus, Neu-Isenburg, Darmstädter Landstraße 741, ☎ 0 61 02-3 14 66
Holbein's im Städel, Holbeinstraße 1, ☎ 66 05 66 66
Klosterhof, Weißfrauenstraße 3, ☎ 91 39 90 00
Ratskeller, Am Paulsplatz 7, ☎ 21 27 38 00
Reuter's, Reuterweg 104, ☎ 95 51 77 19
Steinernes Haus, Braubachstraße 35, ☎ 28 34 91
Zu den 12 Aposteln, Rosenbergerstraße 1, ☎ 288668
Zum Schwarzen Stern, Römerberg 6, ☎ 29 19 79

Ebbelwei

Atschel, Wallstraße 7, ☎ 61 92 01
Dauth-Schneider, Neuer Wall 7, ☎ 61 35 33
Feuerrädchen, Textorstraße 24, ☎ 66 57 59 99
Fichtekränzi, Wallstraße 5, ☎ 61 27 78
Gemaltes Haus, Schweizer Straße 67, ☎ 61 45 59
Germania, Textorstraße 16, ☎ 61 33 36
Lorsbacher Tal, Große Rittergasse 49-51, ☎ 61 64 59
Wagner, Schweizer Straße 71, ☎ 61 25 65
Zum Grauen Bock, Große Rittergasse 30, ☎ 61 80 26
Zur Schönen Müllerin, Baumweg 12, ☎ 43 20 69

Cafés

Altes Café Schneider, Kaiserstraße 12, ☎ 28 73 80
Café Karin, Hirschgraben 28, ☎ 29 52 17
Café Laumer, Bockenheimer Landstraße 67, ☎ 72 79 12
Café Siesmayer, Siesmayerstraße 59, ☎ 90 02 92 00
Café und Restaurant im Literaturhaus, Schöne Aussicht 2, ☎ 92 88 26 46
Emma Metzler, Schaumainkai 17, ☎ 61 99 59 06
Lesecafé, Diesterwegstraße 7, ☎ 62 25 23
Mozart-Café, Töngesgasse 23-25, ☎ 29 19 54
Opern-Café, Opernplatz 10, ☎ 28 52 60
Schirn-Café, Römerberg 6a, ☎ 21 99 63 68

Szene

Bull & Bear, Schillerstraße 11, ☎ 13 38 87 33
Central Park Station, Kaiserstraße 34, ☎ 27 22 79 81
Größenwahn, Lenaustraße 97, ☎ 59 93 56
Lokalbahnhof, Darmstädter Landstraße 14, ☎ 62 71 62
Main-Tower, Neue Mainzer Straße 52, ☎ 36 50 47 70
New Brick, Walter-von-Cronberg-Platz 1, ☎ 66 40 10
Oscar's im Frankfurter Hof, Am Kaiserplatz, ☎ 2 15 11 80
Pulse, Bleichstraße 38a, ☎ 13 88 68 02
Schöne Aussicht, Fahrgasse 3, ☎ 25 49 37 97
Walden, Kleiner Hirschgraben 7, ☎ 92 88 27 00

Weitere Informationen über die internationalen Restaurants in den Gastro-Führern und City Guides von Journal Frankfurt, Prinz oder Marco-Polo.

Zu dieser Ausgabe

insel taschenbuch 3204: Frankfurt. Ein Reisebegleiter. Von Karlheinz Braun und Siegfried Diehl. Textgrundlage des vorliegenden Bandes ist das insel taschenbuch 2197: Frankfurt. Acht literarische Spaziergänge von Siegfried Diehl. © Insel Verlag Frankfurt am Main und Leipzig 1998. Die Erweiterung und Aktualisierung der Neuausgabe dieses Titels hat Karlheinz Braun vorgenommen.

Bildnachweise: Artothek, Weilheim: 96 (Foto: Blauel/Gnamm), 168 (Foto: Ursula Edelmann). Uwe Dettmar, Frankfurt am Main: 4, 8, 20, 21, 25, 29, 33, 36, 37, 48, 61, 69, 77, 88, 92/93, 104, 117, 124, 132, 133, 136, 137, 149, 157, 172, 176, 193, 197, 201, 220, 225, 228/229. Liebieghaus, Frankfurt am Main: 165. Städtische Galerie im Städel, Frankfurt am Main: 53. Umschlagfoto: IFA/Eich. Für die Wiedergabe des Gemäldes ›Max Beckmann, Synagoge‹, 1919 auf Seite 53: © VG Bild-Kunst, Bonn 2006.

Literarische Reisebegleiter
im insel taschenbuch
Eine Auswahl

Städte

Athen. Literarische Spaziergänge. Herausgegeben von Paul Ludwig Völzing. Mit farbigen Fotografien. it 2505. 336 Seiten

Bayreuth. Ein literarisches Porträt. Herausgegeben von Frank Piontek und Joachim Schultz. Mit zahlreichen Abbildungen. it 1830. 208 Seiten

Mit Brecht durch Berlin. Ein literarischer Reiseführer. Von Michael Bienert. Mit zahlreichen Fotografien. it 2169. 271 Seiten

Literarischer Führer Berlin. Von Fred Oberhauser und Nicole Henneberg. Mit zahlreichen Abbildungen, Karten und Registern. it 2177. 517 Seiten

Bremen. Literarische Spaziergänge. Von Johann-Günther König. Mit farbigen Fotografien. it 2621. 272 Seiten

Budapest. Ein literarisches Porträt. Herausgegeben von Wilhelm Droste, Susanne Scherrer und Kristin Schwamm. Mit zahlreichen Fotografien. it 1801. 283 Seiten

Chicago. Porträt einer Stadt. Herausgegeben von Johann Norbert Schmidt und Hans Peter Rodenberg. Mit farbigen Fotografien. it 3032. 330 Seiten

NF 31/1/3.05

Dresden. Ein Reisebuch. Herausgegeben von Katrin Nitzschke unter Mitarbeit von Reinhardt Eigenwill. Mit zahlreichen Abbildungen. it 1365. 294 Seiten

Dublin. Ein Reisebegleiter. Von Hans-Christian Oeser. Mit farbigen Fotografien. it 3114. 220 Seiten

Frankfurt. Acht literarische Spaziergänge. Von Siegfried Diehl. Mit farbigen Fotografien. it 2197. 190 Seiten

Mein Frankfurt. Von Martin Mosebach. Ausgewählt und mit einem Nachwort von Rainer Weiss. Mit Fotografien von Barbara Klemm. it 2871. 176 Seiten

Granada. Ein literarisches Porträt. Herausgegeben von Nina Koidl. Mit farbigen Fotografien. it 2635. 243 Seiten

Hamburg. Ein Städte-Lesebuch. Herausgegeben von Eckhart Kleßmann. Mit zahlreichen Abbildungen. it 1312. 305 Seiten

Heidelberg-Lesebuch. Stadt-Bilder von 1800 bis heute. Herausgegeben von Michael Buselmeier. it 913. 385 Seiten

Istanbul. Ein Reisebegleiter. Von Barbara Yurtdas. Mit farbigen Fotografien. it 3026. 313 Seiten

Der Kölner Dom. Ein literarischer Führer. Herausgegeben von Markus Klein. Mit zahlreichen Abbildungen. it 2226. 149 Seiten

Leipzig. Literarische Spaziergänge. Herausgegeben von Werner Marx. Mit farbigen Fotografien. it 2710. 222 Seiten

Lissabon. Ein Städte-Lesebuch. Herausgegeben von Ellen Heinemann. it 2106. 390 Seiten

NF 31/2/3.05

London. Literarische Spaziergänge. Herausgegeben von Harald Raykowski. it 2554. 272 Seiten

Wolfgang Koeppen. Muß man München nicht lieben? it 2712. 160 Seiten

New York. Literarische Spaziergänge. Von Herbert Genzmer. Mit farbigen Fotografien. it 2883. 160 Seiten

Paris. Literarische Spaziergänge. Von Uwe Schultz. Mit farbigen Fotographien. it 2884. 272 Seiten.

Mit Proust durch Paris. Von Rainer Moritz. Mit zahlreichen Fotografien. it 2992. 160 Seiten.

Potsdam. Literarische Spaziergänge. Von Jochen R. Klicker. Mit farbigen Fotografien. it 2926. 416 Seiten

Rom. Ein literarisches Porträt. Herausgegeben von Michael Worbs. Mit farbigen Fotografien. it 2298. 320 Seiten

Mit Marie Luise Kaschnitz durch Rom. Herausgegeben von Iris Schnebel-Kaschnitz und Michael Marschall von Bieberstein. Mit Fotografien von Mario Clementi. it 2607. 196 Seiten

St. Petersburg. Literarische Spaziergänge. Von Ingrid Schalthöfer. Mit farbigen Fotografien. it 2833. 240 Seiten

Trier. Deutschlands älteste Stadt. Reisebuch. Herausgegeben von Michael Schroeder. Mit Fotografien von Konstantin Schroeder. it 1574. 260 Seiten

Tübingen. Ein literarischer Spaziergang. Herausgegeben von Gert Ueding. Mit zahlreichen Abbildungen. it 1246. 384 Seiten

NF 31/3/3.05

Venedig. Ein Reisebegleiter. Herausgegeben von Doris und Arnold E. Maurer. Mit zahlreichen Fotografien.
it 3110. 190 Seiten

Weimar. Ein Reisebegleiter. Von Annette Seemann. Mit farbigen Fotografien. it 3066. 300 Seiten

Wiener Adressen. Ein kulturhistorischer Wegweiser mit Straßenplänen und Fotos von Dietmar Grieser.
it 1203. 217 Seiten

Das Wiener Kaffeehaus. Mit zahlreichen Abbildungen und Hinweisen auf Wiener Kaffeehäuser. Herausgegeben von Kurt-Jürgen Heering. it 1318. 318 Seiten

Landschaften • Länder • Kontinente

Amerika

Kalifornien. Ein Reiselesebuch. Herausgegeben von Herbert Genzmer. Mit farbigen Fotografien von Till Bartels.
it 2636. 282 Seiten

Harry Graf Kessler. Notizen über Mexiko. Herausgegeben von Alexander Ritter. Mit zahlreichen Abbildungen.
it 2176. 182 Seiten

Martin Walser/André Ficus. Die Amerikareise. Versuch, ein Gefühl zu verstehen. Mit 51 farbigen Bildern von André Ficus.
it 1243. 117 Seiten

NF 31/4/3.05

Asien

Indien. Ein Reisebegleiter. Von Martin Kämpchen. it 2996. 272 Seiten

Tibet. Erfahrungen auf dem Dach der Welt. Von Wilhelm Klingenberg. Mit zahlreichen Fotografien. it 1860. 198 Seiten

Deutschland

Hans Christian Andersen. Schattenbilder einer Reise in den Harz, die Sächsische Schweiz etc. etc. im Sommer 1831. Herausgegeben von Ulrich Sonnenberg. Mit zahlreichen zeitgenössischen Abbildungen. it 2818. 232 Seiten

Bodensee. Reisebuch. Herausgegeben von Dominik Jost. Mit farbigen Abbildungen. it 1490. 313 Seiten

Der Rhein. Eine Reise mit Geschichten, Gedichten und farbigen Fotografien. Herausgegeben von Helmut J. Schneider unter Mitarbeit von Michael Serrer. Mit Fotografien von Pieter Jos van Limbergen. it 1966. 206 Seiten

Die schönsten Schlösser und Burgen Deutschlands. Ein literarischer Reisebegleiter. Herausgegeben von Joachim Schultz. Mit farbigen Fotografien von Horst und Daniel Zielske. it 2717. 256 Seiten

Schwarzwald und Oberrhein. Der literarische Führer. Herausgegeben von Hans Bender und Fred Oberhauser. Mit zahlreichen Abbildungen. it 1330. 416 Seiten

NF 31/5/3.05

Sylt. Literarische Reisewege. Herausgegeben von Winfried Hörning. Mit zahlreichen Fotografien. it 2522. 260 Seiten

Martin Walser/André Ficus. Heimatlob. Ein Bodensee-Buch. it 645. 92 Seiten. it 2374. 96 Seiten

England

Hans-Günter Semsek. Englische Dichter und ihre Häuser. Mit farbigen Fotografien von Horst und Daniel Zielske. it 2553. 255 Seiten

Von Pub zu Pub. Eine literarische Kneipentour durch London und Südengland. Von Johann-Günther König. Mit farbigen Fotografien. it 2888. 272 Seiten

Frankreich

Das Elsaß. Ein literarischer Reisebegleiter. Herausgegeben von Emma Guntz und André Weckmann. it 2746. 256 Seiten

Französische Dichter und ihre Häuser. Von Ralf Nestmeyer. Mit farbigen Fotografien. it 3093. 250 Seiten

Mit Fontane durch Frankreich und Flandern. Herausgegeben von Otto Drude. Mit Fotografien von Christel Wollmann-Fiedler. it 2647. 144 Seiten

Wolfgang Koeppen. Reisen nach Frankreich. Mit farbigen Fotografien von Angelika Dacqmine. it 2218. 170 Seiten

NF 31/6/3.05